好教育探索丛书

丛书主编　王本陆　钱江

好制度：
如何产生和落地？

尹力　吴蔚　著

教育科学出版社

·北京·

❀　　　❀　　　❀

　　本书写作过程中，得到了金春兰、徐仲武、张敏等同志的支持与帮助，特此表示感谢！

好教育探索丛书编委会

序 一

当前，我国的教育还面临两大任务：一是促进教育公平，二是提高教育质量。其实这还是一个问题的两个方面，主要是教育质量的不均衡导致教育的不公平。要从根本上解决教育不公，就要以人为本，通过教育体制改革，通过教育教学创新来实现。

我经常想说一句话：教育的发展在于改革，教育的改革在于创新，教育的创新在于学习。教育创新不是胡思乱想，而是要通过学习党的方针政策，提高政策水平；通过学习教育理论，掌握教育规律；通过学习文化科学，提高自身素养和品位；通过在教育实践中学习，不断提高教书育人的能力。近年来，我国中小学和幼儿园在教育实践创新方面做出了诸多努力，特别是在关注儿童发展方面，通过教育实践与前沿的教育理论相结合，取得了一些成果，为我们办"好教育"，提供了有益的经验。

所谓"好教育"，就是要为学生的身心健康发展打好基础，这是基础的基础。要做到这一点，需要研究孩子，为孩子提供适合的教育。这需要从课程入手，在课改的大背景下，做好国家、地区、学校的三层课程体系建设。要注意因材施教，每个儿童的天赋、爱好、特长都不一样，有的逻辑思维强，喜欢数理化，有的形象思维好，喜欢文学艺术，要在国家课程标准要求下，开设多种课程，供不同类型的学生选择。我认为能给每一个学生提供最适合的教育，使每一个学生的潜能都能够充分发展，使每一个学生都能够健康成长，就是最好的教育。

所谓"好教育"，就是要为学生打好继续学习的基础，这是基础教育的第二个任务。这不仅是为了让学生升入高一级的学校，而且是要培养他们自学的能力，使其有终身学习的意识和能力，将来离开学校以后还会继续学习、终身学习。在建设学习型社会的今天，需要教育界改革创新，通过先进教育技术的运用，来构建一个无处不在、随时可能的学习空间，为孩子的学习和发展提供平台。这就需要有好的师资队伍，改革教学方式，通过学习方式的改革来达到这一目标。

所谓"好教育"，就是要为学生打好走向社会的基础，这是基础教育的重要工作。要培养学生对社会的责任心、对国家的责任心和对家庭的责任心，以及对自己的责任心。培养他们有爱心，有诚信。这需要坚持立德树人，把社会主义核心价值体系贯串在学校教育的全过程。特别是面对独生子女，要加强集体主义教育，使学生能够互相尊重、互相帮助、和谐相处。要以德育理论为指导，探讨当代学校道德教育的特点，创新思想品德教育新方式。要构建新的班集体建设理论，让独生子女在班集体中打好走上社会的基础。

近年来，无锡市滨湖区教育局和北京师范大学教育学部课程与教学研究院通力合作，在前期出版丛书"学校交响曲"之后，再次推出"好教育探索丛书"，由长期从事教育学原理、课程与教学论、教育社会学等教育基本理论研究的专家学者牵头，系统总结、分析无锡滨湖区域教育现代化改革探索过程中积累的经验。这套丛书从课程建设、教师专业发展、教育制度建设、班集体建设、教育技术应用等方面进行了全面的分析和反思，应该说是一套从实践而来，又有理论分析，最终又回归一线实践指导的书，对国内其他地区的教育探索也具有一定的参考价值。

我们要办"好教育"，需要不断改革创新，更需要教育理论与教育实践相结合，北京师范大学教育学部课程与教学研究院和无锡市滨湖区教育局在这一方面做出了很好的示范。让教育回归"人的发展"这个原点，真正促进人的发展，不是一句简单的空话。我相信，在他们的努力下，我们会越来越接近这个原点。作为无锡人，我衷心地为他们取得的成绩欣喜，祝愿他们继续有更多更好的成果与全国同行分享。

2014 年 2 月

序

　　滨湖区位于无锡市的西南部，区内山水相依，风光秀丽，人文荟萃，名胜众多，不仅是吴文化和近代民族工商业的发源地，也是全国乡镇工业的发祥地，还是无锡新的城市核心区，尊师重教蔚然成风。我和滨湖结缘于由江苏省教育厅主办、滨湖区人民政府承办的三届江苏省初中教育论坛。论坛举办得很成功，既展现了滨湖教育人的策划与组织能力，更凸显了滨湖教育优质、均衡、协调发展的水平。因工作原因，我曾多次到滨湖考察学校，观摩教学活动，滨湖教育给我留下了深刻而美好的印象。近年来，滨湖区坚持教育优先发展，构建了快乐健康的学前教育、优质均衡的义务教育、开放多样的高中教育、人性闪烁的特殊教育体系，在办好让人民满意的基础教育的道路上迈出了扎实的步伐，走在了全省的前列。

　　办好让人民满意的基础教育是政府的重要职责之一。人民满意的基础教育的目标导向就是举办好每一所学校、教育好每一名学生、成就好每一名教师和发展好每一名校长，要实现这些"好"需要转变教育发展方式、人才培养模式、教师专业成长范式和校长管理服务方式。

　　美国思想家梭罗认为"好学校是一方池塘"，是学习的乐园、创造的天堂。所以好学校定是吹拂着自由之风、涌动着创新之情、洋溢着快乐之感的，通过配好、管好、用好现代化的教育技术装备，打造充满着爱、洋溢着情、体现着乐的课堂，营造出"名师出高徒、兴趣出高分、激励出高兴"的良好氛围。

　　培养和塑造好学生的关键是转变人才培养模式，核心是改革传承性学习，坚持因材施教、学思结合、知行统一，以德育为先，引领学生走向高尚，使其成为"对社会有更大贡献的自己"；以能力为重，引领学生走向聪明，开发适切学生的可选择的课程，既要"学会"，更要"会学"；以"挖潜"为要，引领学生走向富有，实现"知"、"情"、

"意"的内在统一。这就需要我们的教育重视学校最关键的管理"细胞"——班集体的建设，为学生创设在集体里成长，在集体里走向高尚、聪明、富有的良好的心理氛围。

当然，良好的班集体建设依赖于其背后良好的教师团队。所以，培养好教师是一所学校、一个区域教育内涵提升的关键。于漪老师曾说："教师是在讲台上用生命歌唱，一个人一旦选择了这个职业，就同时选择了高尚。今天的教育就是明天的国民素质。教师一个肩膀挑着学生的现在，一个肩膀挑着祖国的未来。"因此，成就好教师的前提是"责任"，关键是"智慧"，核心是"爱心"。好教师是善于把握教育规律，深谙教学之道的，这些都需要一个区域制定切实可行的制度，以机制作为保障，改革创新，任人唯贤，岗位实践，有效教研，"一专多能"，积极构建以法律为核心的刚性规范管理体系、以经济为核心的中性规范管理体系和以道德为核心的柔性规范管理体系，让每一个教师、每一位校长、每一所学校都有追求，都追求更美好的"梦"。

好学校、好教师、好课程、好学生、好制度、好技术……既是教育人孜孜不倦的追求，更是教育的实践价值所在。对上面这几个"好"，无锡市滨湖区教育工作者对此不仅有深刻的理性思考，还有生动的有益探索。"好教育探索丛书"是由北京师范大学教育学部课程与教学研究院院长王本陆先生和他的团队在深入滨湖区教育局和学校，广泛收集第一手资料的基础上主编的一套丛书，其研究领域涉及教育学原理、课程与教学论、教育社会学等。丛书立体、全面、细致地从课程建设、教师专业发展、教育制度建设、班集体建设、教育技术应用等方面，生动展示和系统分析总结了无锡滨湖区域教育现代化改革探索过程中积累的宝贵经验，是一套高位理论分析与典型实践探索相结合的图书。

习近平总书记强调"我们的人民期盼有更好的教育"、"中国梦的实质是让人民共享人生出彩的机会"。江苏省省委、省政府提出要坚持"两个率先"，谱写中国梦的江苏美好篇章，使发展更科学、结构更优化、文化更繁荣、生态更文明、人民更幸福。谱写中国梦江苏美好篇章的前提是必须谱写好中国教育梦江苏教育的美好篇章，做到有教无类、因材施教、人人成才、终身学习。我省基础教育正面对"坐大盼强"的特殊省情，正处在"由大变强"的特殊阶段，正践行"既大又强"的特殊要求，实现人人有学上、提高巩固率，人人上好学、提高优质率，人人都上学、提高保障率。应当清醒地看到，我省基础教育正面对在高普及率基础上保持高巩固率这一难度极大的现实，正破解在高投入基础上保持高增幅这一约束极多的矛盾，正突破在高期待基础上保持高满意度这一要求极高的束缚。因此，必须以党的十八大精神和党的十八届三中全会通过的《中共中央关于全面深化改革若干重大问题的决定》为指导，自觉从"面向现代化"走向"建设现代化"，从"面向未来"走向"引领未来"，从"面向世界"走向"融入世界"。这些，都需要基层教育行政部门以改革统揽全局、用创新推动发展、靠实干成就事业，滨湖教育的生动实践和先行先试的探索已经做出了示范。这五本图书，既是对近年来无锡滨湖区域教育现代化探索的实践总结，也是对区域教育改革的理论梳理与系统分析，站位高远，切合实际，相信对推进新一轮基础教育改革具有重要的参考价值与实际指导意义。这套丛书的出版，既体现了滨湖教育人办"好教育"的勇气与底气，也是对滨湖区城市化进程中区域教育发展全过程各个剖面真实而生动的记载，必将对滨湖教育的发展起到继往开来的作用，对其他地区的教育发展产生有价值的借鉴作用。

胡金波

2014 年 2 月

目录

制典为先，用典为上

领导你在，或者不在，制度就在那里，

不折不扣，欣然接受，

全力以赴。

一、"爽、给力、比较幸福"——对话3名初二年级学生

范同学、张同学和华同学正上初二，虽稚气未脱，却沉稳大方、自信而阳光。

访谈者（以下简称"访"）：（对范同学）你净夸学校了，对学校有没有什么意见？比如"学校怎么做会对学生更好一点"这样类似的想法？

范：没有。

访：哦，对学校很满意啊。你感觉学校好的地方，用个词儿来概括一下。

范：爽。

访：（对张同学）他用的是"爽"，你用什么？

张：给力。

访：哪方面"给力"？

范：什么都给力。

访：（对华同学）你呢？有没有对学校不满的地方？

华：我还是挺喜欢的。

访：学校给你的整体感觉是什么？

华：比较幸福。

访：哪些方面比较幸福？

华：活动比较多，比如说艺术节，可以充分展示自己，在这方面找到自信……

我们曾听到某教育学者尖刻地疾呼："教育不把人训练成废物就绝不收场!"我们也看过某教育学者总结的"中国教育悲鸣曲"：学校工厂化、社会化，校长工头化、经纪人化，教师奴隶化，待遇民工化，学生"祖宗化"，人际关系复杂化，教学程序化，管理军事化……然而，我们从学生口中亲耳听到的却是"爽"、"给力"、"幸福"、"自信"等这样一些感受愉悦的评价，从长远说，这些也是奠基其一生幸福的积极体验。

我们不禁要好奇地问：什么地方、什么学校、什么样的举措让在校的孩子们产生如此积极的情感体验？这些做法、举措又是基于什么样的理念？如果说我们看到的和听到的都是外显的、物化的表象，那背后一定有更深刻的、更值得探究的东西。

无锡市滨湖区的教育之所以产生了这样令人难以置信的效果，在很大意义上得益于其制度建设。滨湖建区 10 年来，充分发挥了制度对教育事业发展的引领作用，在学生成长、教师能力提升、学校发展、区域教育现代化等各个层面，非以一时一势之人力先导，而以制度挂帅。大到全区层面的新教师招考录用制度、教师全员聘用制度、绩效工资制度、教师轮岗交流制度、校长竞岗轮岗制度、校长挂职锻炼制度、中层干部轮岗见习制度、教育质量评价与保障制度、督导评估制度，小到学校层面的教代会制度、首席执行官制度、校情民意制度、校务公开制度、加星晋级制度和选课走班制度等，使得学校教育的方方面面都有章可循，有序发展。当下，"建设现代学校制度"已成为国家层面未来 10 年教育改革和发展的重要发展任务，但在滨湖，现代学校制度已然形成，并发挥着重要职能。

滨湖的教育制度是完备的，更是被活化了的。它并非束之高阁的典藏版，而是实实在在地指导着、规范着、引领着教育中的利益相关者，从而让我们看到了多彩的校园生活。学生们快乐而自信的身影、家长们满意的脸庞、教师们心安的神色是滨湖"活化制度、赢在行动"的最好注解。

写到这里，想起了元代王冕的《墨梅》一诗，诗曰：

> 吾家洗砚池头树，朵朵花开淡墨痕。
> 不要人夸好颜色，只留清气满乾坤。

如果我们把学生比喻成祖国的花朵，这些花朵之所以快乐而美丽地绽放，缘于完备制度的滋养。我们意非夸赞这些制度，而只想捕捉其"清气"，试图捕捉：这些制度本身是什么样的？何以会有这样一些制度？制度背后的理念和目标又是什么？这些制度是如何被活化的？以期达成不仅是吾家"朵朵花开"，汝家亦"朵朵绽放"的美好愿景。

二、"不是只对我一个人开刀"

什么是制度？蠡园中学一位老师的总结非常到位：

> 制度的"制"是约束，一是一，二是二；"度"是动态的平衡。因为有了动态的平衡，老师的内在积极性就会提高。我觉得制度最大的功用，一是规范，二是引领。因为制度这样规定，老师即便有什么不同的观点，也还是会先按照制度规定的去做。有的时候对老师的管理很严格，但操作很人性化，即"严格管理，人性化操作"。

作为"制度"约束对象的老师们之所以"有什么不同的观点，也还是会先按照制度规定的去做"，是由"制度"的本质决定的。制度就是由人制定的规则，这些规则通常为某个共同体所共有，用以约束共同体中所有人的行为。而教育制度，"就是用于支配人们教育行为的规则，是一种'游戏规则'，是人们相互影响的行动框架"[①]。任何一个有效的制度，其最为根本的特征就是普适性，具体表现为以下几个方面。第一，明确、具体，具有可认识性和可理解性。制度是一套关于行为和事件的准则，这一准则只有明确、具体、可理解，并就共同体未来的环境提供可靠的指南，才能给其

---

① 康永久. 教育制度的生成与变革：新制度教育学论纲 [M]. 北京：教育科学出版社，2003：99.

作用对象清晰的信号，使其认识到哪些可以做、哪些不可以做以及应该怎样做。第二，稳定、统一，程序公正，无人居于规则之上。真正的制度不应在无确切理由的情况下对个人和情境实施差别待遇。"制度无戏言"的结果必将增进制度的有效性，"使契约中的特殊做法转变为标准化的惯例，并因此而节约信息成本和再协商成本"①，增进共同体成员间的信任和合作。

普适性原则的充分运用对滨湖教育的良好运行和发展起到了不可估量的作用。比如，为实现全区义务教育的均衡发展，滨湖从 2002 年开始实行校长交流制度。在这一交流制度中，不可避免地会出现某一个校长从规模较大、资源相对丰富的"名校"交流到规模较小的普通学校的情况，那么校长本人是否会不情愿？作为亲历者的夏愉然副校长如是说：

2010 年 7 月的一天，局领导找我们十几位中小学校长谈话，每人 5 分钟，钱局长和金书记都在。领导对我说，你原来做得不错，现在局里决定调你去河埒中心小学，到那里有施展的天地。听说要被调到河埒中心小学，还是挺高兴的，那里有以前一起工作过的老同事，再说滨湖区所有学校的条件都差不多，没有很薄弱的。更何况，校长流动制度也不是只对我一个人"开刀"。

在与夏校长的访谈中我们得知，夏校长早已根据校长选拔和任用制度给自己"算过命"了，这个"命"就是要离开原来熟悉的环境、熟悉的工作、熟悉的同事和学生，到另外一所学校开始新的工作。对于这个"命"，夏校长早有所知、早有准备，局领导也无须耗费时间和口舌，只需"5 分钟"，无须什么协商成本和交易成本。最终的结果是夏校长"很高兴"，因为校长交流制度也不是只对她一个人"开刀"，而是对共同体内所有成员普遍适用的，能让被交流者欣然接受的。这个只需"5 分钟"，且能够保证做到不只对某一个人"开刀"的事物，就是我们所说的制度。

三、制度何以能够"挂帅"

制度有着怎样的功能？何以能够挂帅，让人"欣然接受"？制度是普适

① 柯武刚，史漫飞. 制度经济学：社会秩序与公共政策 [M]. 韩朝华，译. 北京：商务印书馆，2000：233.

的，毫无疑问，执行力较好的制度将抑制人际交往中可能出现的随机行为和机会主义行为，增进秩序，促进合作，降低交易成本。正如康永久所说："教育制度是教育社会的支撑体系。它本身不是表演者，也不是决策者，而是一种框架性结构，为人的各种表演提供舞台和后盾（背景支持）。以往，我们常常把教育问题归结为教育观念问题、人员问题（包括学生、教师和教育管理者、家长、社会人士）、素质问题、教育技术问题、课程教材问题、教育经费问题、教育规模问题、教育机构问题、教育决策问题、人性问题（如国民劣根性问题）、教育理论自身的缺陷问题（如脱离实践）等。这些观点当然有其道理和背景，但都忽视了对教育制度的直接反思。而我们之所以可以通过这些教育举措取得教育时效，是因为其中有教育制度——尤其是正式教育制度——所创造的潜在利益之故。"① "恰当的教育制度作为一种极重要的教育资源，它能降低教育中的交易费用、扩展教育利益的边界并开创新的教育局面，而已经发生故障的教育制度则可以把任何善意的改革都变成'通往地狱之路'。在教育改革问题上是'制度挂帅'的。"② 滨湖的新教师招录制度就能够充分说明这一点。滨湖自 2004 年起率先在全市开始实施新教师录用新规，即"凡进必考"，通过层层选拔、供需见面、双向选择等一系列严格的程序，降低了教师资源的配置成本，改变了传统计划经济分配体制下"质量低、队伍不稳定、分布不平衡、学非所教、教非所愿"等状况，更重要的是，严密的制度设计既能有效地杜绝"条子生"，避免教师资源的浪费，保证公平、公正，又能够选拔优秀的教师。正如参与新教师选拔录用工作的区教育局组织人事科张敏科长所言：

> 招录过程中的资格审查、笔试和面试的分数核查、加分、体检等，每个环节的负责老师都严格按照招录要求去做，确保公平。对于"条子生"，如果某某局长给我们打电话，或者有领导递条子，实在不行就先接着，考试之后把考生成绩拿给他看。因为成绩都是要公示的，我们也没办法，最后还是得按成绩招录，领导最后也只能理解。"凡进必考"在滨湖已经成为

---

① 康永久．教育制度的生成与变革：新制度教育学论纲［M］．北京：教育科学出版社，2003：149.

② 康永久．教育制度的生成与变革：新制度教育学论纲［M］．北京：教育科学出版社，2003：90.

共识。涉及工作人员有亲属参加考试的，一律要自己主动申请回避，试卷编制、考官选取、成绩汇总等环节都不能接触。

四、有质量的公平：滨湖教育制度的目标

（一）公平观的基本标准

与"公平"一词对应的英文是 justice 或 equity，意即公正、正义。在汉语中，公平的含义是无偏袒、客观公正。这种无偏袒的客观公正首先意味着一种"关系"①。这种关系包括两方面：一是自身的条件、努力和合理期待与所得之间的关系；二是人们相互之间的关系。就第二方面来说，如果同等条件下被同等对待就是公平的，否则就是不公平的。从这点来看，一种公平的制度或规则，"就相互关系而言，个人有资格享有平等或不平等的相关地位……其重要的格言常常被格式化为'同样情况同样对待'（Treat like alike）。当然，我们需要对之补上'不同情况不同对待'（Treat different cases differently）"②。由此可以推导出：平等强调的是客观事实，有差别就是不平等，无差别就是平等，它是无条件的、绝对的、永恒的；而公平强调的是对客观事实的一种主观上的评价和判断，正因为这一点，人们会因衡量的尺度、时间、条件和主体需求的不同而形成不同的公平观。故而，公平是主观的、历史的、相对的。其次，从适用对象来看，笼统地说，公平可以适用于除自然现象以外的所有社会现象。虽然它是对人们间社会关系的度量，但并不是所有的社会关系都是公平的适用对象。只有那种在一个合作的社会体系中，存在着利益差别与冲突的各方为一定的目的而结成的恒定的社会合作关系才是公平的适用对象。③一种社会合作体系中的利益分配，无论以什么为分配标准，都只能产生两种可能的结果：要么是平等的分配，要么是不平等的分配。因此，一种社会关系也只能有两种可能的状态：平等的社会状态或不平等的社会状态。对这种社会关系的度量也就是对这种社会关系的平等或不平等的度量。由此可以推衍，对于关系各方

---

① 辛忠孝，刘水林．公平分配问题的法与经济伦理学的思考［J］．法律科学，1997（4）：17.
② 哈特．法律的概念［M］．张文明，等，译．北京：中国大百科全书出版社，1996：157.
③ 陶万辉．公平观与公平的概念界定［J］．哲学研究，1996（4）：26.

而言，从平等的角度来说，公平有两种：（1）无差别的公平（即平等的公平），原则是"同样情况同样对待"；（2）差别的公平（即不平等的公平），原则是"不同情况不同对待"。

总之，公平作为一种主观价值判断，是相对于个人与其自身或关系各方而言的。① 当我们说一种关系是否公平时，显然是在比较个人或特定群体之间的关系的意义上说的，其实质就是指人们根据一定的标准（"应得"）对某种现状（"实有"）的评价。如果某人或某个群体经与其自身或关系各方比较后，发现他（或他们）的"实有"与其"应得"一致，那么就会认定为公平；反之，则会认定为不公平。

具体到教育领域，如果教育中不同的个体和特定群体切实感受到其教育上的"实有"与"应得"相一致，则可以说基本达成了教育公平，反之就是不公平的。比如，我们从公民与政府之间关系的意义上理解教育公平，在特定的历史时期，如果政府作为教育的举办者和管理者，在教育公共政策制定、教育机会分配、教育资源配置的过程中，兼顾到不同个体和特定群体的利益，最大限度地实现公共教育资源的合理安排与有效利用，促进和保障不同个体和特定群体在教育实践活动中的"实有"与其"应得"相一致，并最终使每个个体获得适合其自身发展的好的教育，则可称为一种"公平的教育"，也即教育公平得到了实现。

判断教育是否公平的"标准"到底是什么？这一命题用一种公式表达便是："基于××标准"来判断教育是否是公平的。我们根据"同样情况同样对待"和"不同情况不同对待"的原则以及历史与逻辑相统一的原理，可以将其分为以下三种。

第一种是"基于公民资格标准的教育公平"。"公民资格标准"阐明的是：只要某一个体具有公民的资格，就应该获得与其他社会成员同等的公共教育资源。这意味着：从形式上说，法律应规定公民享有平等的受教育权利；从实质上说，每个公民实实在在获得了同等的教育机会。我国法律虽然已明确赋予公民享有平等的受教育权利，如《中华人民共和国教育法》第三十六条规定："受教育者在入学、升学、就业等方面依法享有平等权利。学校和有关行政部门应当按照国家有关规定，保障女子在入学、

---

① 陶万辉. 公平观与公平的概念界定 [J]. 哲学研究，1996（4）：31.

升学、就业、授予学位、派出留学等方面享有同男子平等的权利。"随着进城务工人员的不断增多，其随迁子女是否享受到与所在地学生同等的教育对待便属于这种基于公民资格标准的公平。这种公平观侧重在基于法律规定的平等对待，关注一种形式上的平等。表现在教育中则是强调教育机会平等，即具有接受某种教育的可能性，关注的是最基本的起点上的公平。

第二种是"基于能力标准的教育公平"。"能力标准"阐明的是：应该根据个体的能力大小而不是根据身份、等级来配置公共教育资源。表现在教育实践中便是"分数面前人人平等"，即如果个体对教育资源的享有是根据成绩而非通过权钱交易实现的，就是公平的。这意味着认定能力的标准、竞争的程序和规则应是被公众认同的。比如，新教师招考过程中，是单纯以应聘者的能力，还是以应聘者所在家庭的经济实力和社会资本来录用，便属于此种标准。可见，这种公平观侧重程序上的平等。表现在教育中则是强调教育机会分配机制上的公平，关注过程的公平。在强调能力标准的同时，如何保障处境不利地位群体的教育机会就成为与之伴生的问题，即要强调弱势补偿原则。

第三种是"基于需求标准的教育公平"。"需求标准"阐明的是：如果公共教育资源的配置能够满足"我的"教育需求就是公平的，这也是马克思主义"各尽所能、按需分配"的公平观在教育领域的体现。在人们根本没有机会接受教育的年代，只要"有学上"就可以了；到了基本教育需求得到满足，即"有学上"之后，任何个体都会萌生出"上好学"的想法。而对"好的教育"之"好的"理解的不同，使得教育需求表现出多样化的特点，这也促使政府提供可选择性的教育资源，不断致力于更加公平的教育。因为人们的教育需求是无止境的、多样的，且任何一个个体都有权利获得他认为好的、适合其发展的教育。滨湖区一些学校实行的走班制、晋级制就是基于需求标准的有益尝试，而时任区教育局局长钱江关于实现学生"走校"的理想更是这种公平的充分体现。可见，这种公平观侧重结果的平等，强调坚持教育中的可选择性原则。比起遵循机会平等和弱势补偿两个原则，遵循可选择性原则属于教育公平追求的最高层次的目标。

由于公平与教育公平自身的主观性、历史性和相对性，凸显了教育公平的复杂性和多样性。并且，当人们的教育需求得到一定程度的满足之后，必然追求更高层次上的公平。正是基于这一点，为满足公众对教育公平的诉求，2010年7月发布的《国家中长期教育改革和发展规划纲要（2010—2020年）》更是把促进公平作为国家基本教育政策，文件指出："教育公平是社会公平的重要基础。教育公平的关键是机会公平，基本要求是保障公民依法享有受教育的权利，重点是促进义务教育均衡发展和扶持困难群体，根本措施是合理配置教育资源，向农村地区、边远贫困地区和民族地区倾斜，加快缩小教育差距。教育公平的主要责任在政府，全社会要共同促进教育公平。"

（二）公平：滨湖教育制度的目标

教育公平的实现，不是靠一己一时之力，它首先需要有一套完备的制度予以保障，并将之具体运用到管理、实践的各个层面，在实施中坚守。滨湖的教育制度从内部管控到岗位职责和权限确定，从党风廉政监督到风险点识别与控制，事无巨细，可谓详尽而完备。我们仅以2010年8月滨湖区教育局整理的《内控体系资料汇编》中的《规章制度》为例，摘取其中与中小学学校发展和学生成长密切相关的事项，进行了简单的梳理，详见下表。

滨湖区教育局《规章制度》摘录

制度类型		制度名称（括号内为颁布时间）	关键词
区教育局机关内部管控制度		关于滨湖区教育局领导干部"一岗双责"实施办法（2004）	一岗双责
		无锡市滨湖区教育局加强机关作风建设措施十条（2004）	作风建设
		无锡市滨湖区教育局机关服务承诺制度（2006）	服务承诺
区教育系统内部管控制度	班子建设	滨湖区学校领导班子集体议事制度（2004）	集体议事
		关于建立集体决定"三重一大"监督管理制度的意见（2007）	监督
	学校发展	关于组织制订"校本提升发展规划"的实施意见（2009）	校本提升
		关于开展"幸福学校"建设的实施意见（2010）	幸福学校

制度类型		制度名称（括号内为颁布时间）	关键词
区教育系统内部管控制度	组织人事	中小学中层干部职位竞争上岗暂行办法（2001）	竞争上岗
		滨湖区教师师德规范"十要十不准"（2004）	师德规范
		滨湖区骨干教师管理办法（2005）	骨干教师
		关于全区学校实行校长任期制的意见（2006）	任期制
		滨湖区教育系统教职工聘用合同制实施办法（2009）	聘任合同
		2009年滨湖区教育系统直属单位中层干部跨学校竞争上岗工作实施方案	竞争上岗
		滨湖区义务教育学校教职工绩效考核工作指导意见（2009）	绩效考核
		2010年滨湖区教育局公推中学校级副职领导干部的实施方案	公推
		关于进一步推进我区教师轮岗交流工作的意见（2010）	轮岗交流
		2010年滨湖区教育系统招聘新教师考核录用办法	新教师考核录用
	基础教育	关于调整中小学公用经费等经费标准的通知（2008）	公用经费
		关于创建义务教育高位均衡发展示范区积极构建良好教育生态环境的通知（2009）	高位均衡教育生态
		关于做好2009年生源地信用助学贷款工作有关问题的通知（2009）	助学贷款
		2010年滨湖区中小学对口入学方案	对口入学
	基建后勤	滨湖区现代教育仪器设备使用与管理考核标准（2008）	使用与管理教育仪器
	安全工作	滨湖区教育系统学校安全工作规程（2004）	安全
		滨湖区教育系统突发公共事件应急预案（2008）	突发公共事件
		滨湖区中小学校舍维修项目管理暂行办法（2010）	校舍维修
教育督导管控制度		滨湖区人民政府教育督导室工作基本制度（2010）	督导室
		关于建立无锡市滨湖区督学责任区制度的通知（2010）	督学责任区

《规章制度》共分 3 大类 115 项。其中，"区教育系统内部管控制度"是其核心，又分为班子建设、学校发展、组织人事（分干部队伍建设类、教师队伍建设类和党建工作类）、基础教育、财务审计、基建后勤和安全工作等 7 个类别 98 项。这些纷繁多样的制度，指向一个什么样的目标呢？制度建设本身从来不是目的，它只是一个手段，一种保障性措施。我们仅从所摘取的教育制度的标题中，就发现了一些具有代表性的关键词，诸如"服务"、"集体议事"、"校本提升"、"幸福"、"监督"、"竞争上岗"、"公推"、"聘任"、"绩效"、"轮岗交流"、"高位均衡"、"教育生态"、"对口入学"、"助学贷款"、"安全"等。面对这些关键词，我们不禁要问：

什么是"高位均衡"？为什么要"聘任"？为什么要"竞争上岗"和"轮岗交流"？它们与"高位均衡"和"教育生态"有何关联？

什么是"绩效考核"和"幸福学校"？"幸福"是谁的幸福？是校长幸福，还是教师幸福，抑或是学生幸福？

为什么要"集体议事"？为什么要"公推"？其背后的理念或价值基础是什么？

……

关于为什么要竞争上岗，竞争上岗后为什么要轮岗（或称易岗），其与"高位均衡"有何关联这些问题，这项制度亲历者，滨湖区教育局党政办主任徐仲武看来，"竞岗的目的是给大家平等的机会，实际上指向的就是公平，而易岗是为了文化的交流，在易岗的过程中新任的校长必将把自己原所在学校办学、管理等方面的好做法、好创意带到新的学校，促进学校与学校之间的有效交流与互动。这样，学校间的高位均衡就得以逐步实现。高位均衡的目标指向也就是公平，竞岗与易岗只是实现公平这个动态过程中的一个有力的抓手，它让人才在富于竞争和公平性的双重机制下保持着动力与压力的平衡"。

而集体议事和公推制度何尝不是指向公平的目标呢？！

2010 年，我国政府将"促进公平"作为国家的基本教育政策，可以说这是新中国成立以来前所未有的举措。而早在 10 年前，滨湖教育已经围绕着"公平"建章立制，从公平的三个不同标准——公民资格、能力和需求——来设计。比如，使进城务工人员随迁子女享有同城待遇的免费入学制度、面向全体教师的全员聘用制度、为打造均衡发展的教师轮岗交流制度等，都属于基于公民资格标准的公平而建立的制度；"凡进必考，择优录取"的新教师招录制度、"上岗必竞岗，竞岗必易岗"的校长任用与选拔制度、"不为发钱，只为有效"的绩效工资制度等，是基于能力标准而建立的；以教代会为代表的科学决策制度、校情民意制度与校务公开制度等检查反馈机制，是为过程公平的充分实现保驾护航；让学生有选择教师的权利等选课走班制度、学分制等，则是满足学生和家长可选择性教育需求的重要举措，是实现教育公平最为根本的体现。

（三）高位均衡有质量：动态的目标

滨湖人也充分认识到公平的主观性和动态性，在全区范围已经实现均衡发展的基础上，又提出"高位均衡"，并致力于更加优质、更加公平的教育。

早在 2007 年，滨湖区就在全省率先通过江苏省市（县、区）教育现代化建设水平评估，并被省政府命名为首批"省教育现代化建设先进区"。2008 年，无锡市政府出台了《关于全面启动义务教育高位均衡发展示范区创建工作的意见》，随后滨湖区出台了《滨湖区关于全面启动义务教育高位均衡发展示范区创建工作的意见》，明确指出："将用 2—3 年时间，集中一定人力、财力、物力，每年有针对性地重点扶持一批相对薄弱的学校，从四个方面提高区域内义务教育的高位均衡水平。加强相对薄弱学校的硬件建设，尽力做到城镇学校与农村学校、直管校与镇管校、中心校与村校之间在学校场地、教学用房、设施设备、校园环境等方面的均衡，确保辖区内无办学条件不合格学校；积极推行公办教师统一管理，教师奖金水平'一市（县、区）一标'，促进校际教师合理流动，各校专任教师学历达标率、中高级职称教师比例、市（县、区）级以上骨干教师比例要大致相当；坚持义务教育阶段公办学校免试就近入学、均衡编班，坚决抵制乱招生和分设重点班、快慢班等违规办学行为；加强对薄弱学校的教研指导支持，积极开展'阳光体育'运动，建立科学的评价制度，不以考试成绩作为衡量学校办学水平和教师教学工作的唯一标准，不给学校和教师下达升学率指标，不为班级和学生排名次。"正如徐主任所言：

2008 年，我们将三所公有民办学校全部转为公办校，我们全区已经基本上做到均衡了。我们对均衡的理解有几点：第一是硬件上的；第二是教育管理方面的；第三是教师的配置；第四是教育质量。怎么在原来的基础上再往前走一步？那就要做到"高位均衡"。我们当时理解"高位"，就是要实现教育装备一样好、教育管理一样好、教育队伍一样优、教育质量一样高，当然这个"优"的呈现方式有所不同。特别这几年我们的教育装备都已基本达到均衡了，在 2007 年全部达到省办的二类标准，现在我们的要求是能达到省办的一类标准，接受省里教育现代化的验收。教育装备真的达到均衡以后，要如何做学校才能够更加高位均衡呢？钱局长一直以来都倡导学校的内涵发展。内涵无非就是人的因素：一是教师队伍，二是学生。还有就是学校的文化、软实力、管理方面。这个方面我们就相应地强调了学校的特色发展。每个学校根据你原来的基础、实际情况呈现出来的你的高位可能是跟别人有所不同的，你有你自己的特色，你有你的亮点。这个"高位"，它不是静态的，它永远致力于更高的目标，是一个动态的过程。

我们不能不特别说明的是，滨湖的公平不只是一般形式意义上的公平，而是围绕着质量提升的实质意义上的公平，即指向使每个学生获得充分发展的有质量的公平。滨湖人充分认识到：如果公平是没有质量的公平，那公平是没有意义的；反过来，有质量的只是一部分人的质量，则也是不公平的。而且，滨湖不局限于一般意义上的有质量，还提出"优质"。关于优质的"优"指什么，优质的主体是谁的问题，人事科科长张敏解释道：

优质的最终目标肯定是学生优。首先是硬件方面要优，软件方面教师也要优，才会形成整个优。制度建设可能是衔接硬件和软件的最好方式。制度的建设包括文化的建设，是使得这两个"优"产生最佳效果的一个催化剂。

质量是教育的灵魂。没有公平的质量只是一部分人的质量，而没有质量的公平也是没有意义的公平。遵循在"同样情况同样对待"（一视同仁）的基础上实现"不同情况不同对待"（区别对待）的原则，给每个学生提供最适合于他的教育才是最公平的教育，也才是质量最高的教育。我们开篇所提到的学生关于"爽"、"给力"、"幸福"的回答正是对滨湖这种公平而有质量的教育的最好注解，也是"制典为先，用典为上"的最好体现。

滨湖教育制度文本本身是如何体现有质量的公平的？在实施过程中，这些制度具体又是如何运作的？让我们从滨湖教育制度文本及其实施中寻找答案。

上岗必竞，竞岗必易：校长的
选拔与交流制度

校长交流制度的推行有助于加速融合，包括不同
地域之间、不同特色的学校之间、不同
校长的办学理念之间的融合。

对于一所学校而言，校长是学校的灵魂，一位好校长就是一所好学校；对于一个区来说，只有一位或几位优秀的校长是远远不够的，如何打造一个优秀的校长共同体，以引领区域内所有学校向着优质均衡的方向发展，是区域教育发展的重要议题。因为，一花独放不是春，万紫千红方为春。为此，滨湖区从 2002 年开始，以校长的竞争上岗为试点，逐步确定了以竞争上岗作为新时期干部队伍建设的突破口，在中小学校长及中层干部以及区教育局直属机关中层干部的任用和选拔方面变"伯乐相马"为"赛场选马"，变"关门点将"为"比武选将"，先后制定并实施了《中小学中层干部职位竞争上岗暂行办法》《关于各镇村校校长竞争上岗的指导意见》《教育局机关中层岗位竞争上岗的实施意见》《滨湖区教育局校长竞争上岗的指导意见》《滨湖区教育局直属单位财务管理中心财会人员竞争上岗的实施意见》《无锡市滨湖区公推校级领导实施方案》等一系列规章制度，在中小学校长的任用和选拔方面已经形成了"上岗必竞岗，竞岗必易岗"的竞争局面，不是单一地靠"伯乐"的慧眼识别和提拔，还经过真实的赛场历练。自 2002 年以来，全区 50% 的校（园）长有竞岗经历，44% 的校（园）长通过竞争走上了目前的工作岗位；全区所有的中层干部（包括普通小学校长）、15 名机关干部和教研人员也都是通过竞争走上了工作岗位，共占干部总数的 70%，既选拔了一批德才兼备的干部，又加大了干部储备量。自

2009 年起，又试行了跨校中层干部竞争上岗，5 名中层干部跨校竞岗成功。一支有胆有识、有真本事和远见的校长队伍已然形成，成为滨湖教育走向高位均衡的引领者。

第一节　从"相马"到"选马"：校长的选拔与任用制度

早在 2001 年全区组织工作会议上，教育局党委班子成员就提出了"谁最能胜任工作就选谁，谁最能干好事业就用谁，谁最能率先发展、科学发展就让谁干，让想干事的干部有机会，让能干事的干部有舞台，让会干事的干部有地位，让不出事的干部有实惠"的工作目标，把培养干部把握方向的能力，驾驭发展的能力，攻坚破难、应对突发事件的能力，做政治思想工作的能力作为工作重点。在"谁最能胜任工作就选谁"中，"能否胜任"由"谁"说了算，又是怎么说了算，就成了关键问题。我们从滨湖教育系统校长及学校中层干部选拔任用中发现了"竞岗"、"易岗"、"跨校竞岗"、"公推"、"直选"等非常有特色的制度创新，体现了领导选拔与任用中的"公开、公平、竞争、择优"的原则。我们同样可以从以下关键词中领会其制度之精髓。

一、竞岗

有一个小故事，名为"我是经过千刀万剐才成为佛的"，故事曰：

在一座佛寺里供着一个花岗岩雕刻的非常精致的佛像，每天都有很多人来到佛像前膜拜。而通往这座佛像的台阶也是由跟它一样采自同一座山体的花岗岩砌成的。终于有一天，这些台阶不服气了，他们对那个佛像提出抗议说："你看我们本是兄弟，来自同一个山体，凭什么人们都踩着我们去膜拜你啊？你有什么了不起啊？"那个佛像淡淡地对他们说："因为你们只经过四刀就走上了今天的这个岗位，而我是经过千刀万剐才得以成佛的。"

的确，不经过"千刀万剐"是难以成佛的！滨湖校长以及其他干部能走到校长等职位，何尝不是经过千锤百炼？说"千刀万剐"也许有些夸张，但不经过锤炼，又何以能有"佛"的精神和情怀？因为，一个真正的教育家，一个真正的专家型的校长，必当爱人爱世，有舍身饲虎、入海救人的牺牲精神才行，亦如孔子所言："学而不厌，诲人不倦。"

竞聘者是如何被"剐"的？校长竞争上岗一般经过报名、资格审查、竞岗测试（笔试和专家测试）、民主测评、组织考察和公示等六个程序。统计资料显示，2003年的校长（中小学正、副校长）竞争上岗共有103人报名，经资格审查共有96人符合条件，随后这96人参加了笔试和专家测试，组织者按成绩由高到低确定了27位候选人参加面试，并对其进行民主测评和组织考察，最终由教育局党政班子集体讨论决定任用邱华国、潘望洁、徐仲武等9位候选人为首批竞争上岗的校长，由103人到96人到27人再到最后的9人，可见职位的竞争是非常激烈的。经过竞争上岗历练，他们是否是"靠得住、有本事、信得过"的真"佛"呢？我们仅从2003年首批竞争上岗的校长中选两位代表来考察，以求管中窥豹。一位是被聘为无锡市蠡园中学校长的邱华国，另一位是被聘为无锡市稻香新村小学（后更名为稻香实验小学）校长、现任育红小学校长的潘望洁。

邱华国素描

他，身材不高，嗓门也不大，外貌普通，眼神却很犀利。几句话下来，更觉得此君精力过人、思想活跃，而且还很有些北方汉子的硬派风格。他坦言，自己与国内绝大多数校长一样，没有博士、海归、名校长之类的头衔，有的只是从教师、班主任到教务主任到副校长再到校长的工作经历，有将学校办好的朴素愿望。

就是这样一个没背景、有信念的普通教师，自2003年竞争上岗成为校长后，带领全校师生，在扎根学校实际的基础上确立了"思想第一，管理（制度）第二，校长第三"的学校管理理念；将"情态积极，做事高效"作为学生的培养目标和全体教师自我发展的共同愿景；将"选班制"与"晋级制"相结合，为学生提供"可选择的教育"；在教师管理中，实行"合约化评议制度"；在教学中，提出"六助"教学，构建凸显学生主体的课堂。

在过去的几年中，邱华国充分利用实施绩效工资的契机，带领全校教师经过发现问题、调研、讨论、试行等一系列程序，继续创新教师管理机制，对学校的组织架构、岗位设置、部门职责以及校本制度进行"废"、"改"、"立"的系统梳理，重新梳理学校"管"与"理"的各种机制，制定了20多项"草根制度"……

正是在不断创新、锐意进取精神的引领下，邱校长带领全校师生将无锡市蠡园中学这所学生曾大量外流的普通初中校改造成为在省内乃至全国都颇具知名度的学校。① 而今，"蠡中教育"已经成为一个品牌，被喻为"现代学校教育的一道曙光"，是江苏省继洋思、东芦等学校之后，又一个独具价值的初中教育典型。虽说是"校长第三"，邱校长也一再强调团队的力量，但我们还是能深切地感受到他这位领军人物的智慧、执着、勇气和胸怀。"无锡市最年轻的中学学科带头人"、"全国教育信息化创新管理校长"、"中国'长三角'最具魅力校长"等称号和"北京师范大学教育家书院兼职研究员"的身份可谓名副其实。

潘望洁掠影

潘望洁，中学数学高级教师，现任无锡市育红小学校长，曾获"无锡市教学能手"、"无锡市十佳女教师"、"无锡市五一岗位明星"、"江苏省学习成才女标兵"、"全国特别重视班集体建设优秀校长"等荣誉称号。她是一位研究型的教师——工作中坚持科研先导，曾先后参与全国"九五"重点课题子课题"教育现代化进程中学生主体性发展的研究"等多项教育科研课题研究；教学实践中注重学习与反思，曾参加北京师范大学"教育改革与发展研修班"等多种专业培训，在各级各类课堂教学、论文评比中屡获殊荣。她也是一位思辨型的管理者——在学校管理中善思笃行、锐意创

---

① 20世纪90年代初期，蠡园中学的办学情况是非常严峻的，学校的教学质量低，中考成绩差。全市三四十所初中，蠡中经常在倒数十名之内，甚至还要更低，学生大批地外流。蠡中在生源方面本来就不具备什么优势，近年来随着无锡城市化进程的推进，蠡中学生当中流动人口比例逐年增加，根据2008年的统计数据，学生当中流动人口子女比例占50%以上，另有8%为特殊家庭的学生，因此，即使说有所不同，也只能是更加不容乐观。邱校长到底采取了哪些措施，将这样一所普通的甚至可称为薄弱校的学校打造成今日的名校？不妨参阅丛立新、黄华所著的《三问分数》一书，教育科学出版社2010年出版。

新；坚持以学生发展为本，以教师发展为源，以鲜明的教育理念引领师生成长；注重学校文化建设，着力凸显学校特色，学校管理成绩斐然。

2003 年 8 月，潘望洁到稻香新村小学以后，在制度方面做了许多有益的探索和改革。其中最有特点的，也是对学校整个管理队伍全面能力的提升具有深远影响的，是中层干部的培养制度。对中层干部的培养，除了传统的学习制度、培训制度外，她又制定并实施了中层干部的轮岗见习制度，旨在通过中层干部于不同岗位的实习、见习，一方面加强学校各部门之间的沟通，另一方面可促进中层干部对学校各部门工作有全方位的了解，以使其无论在哪个岗位上，都能从学校全局的高度考虑学校管理问题。除了中层干部以外，学校还为后备干部提供了见习的空间。普通老师经过一定的选拔推荐，可以走进中层管理者的办公室，去见习学校管理部门的工作，目的是加强教师和管理层之间的相互了解。学校的中层干部和普通教师对轮岗见习制度总体反响非常好，使学校中层干部摆脱了局限于部门利益考量的狭隘性，普遍具有了全局意识和多面视角，使得稻香新村小学的整体面貌焕然一新。

在稻香新村小学做了 4 年校长之后，潘望洁再一次通过竞岗成为"百年育红"的校长。到育红小学后，潘望洁秉承育红小学百年办学理念，以"智爱化新，为公益民"为校训，智、爱并重，追求春风化雨式的教育方式，致力于学生日新月异的进步、教师日新月异的成长、学校日新月异的发展，努力创造"让学生一生幸福的学校"。这已成为无锡市现代学校教育发展的一个典范。

二、易岗

校长竞岗后必"易岗"，这是滨湖校长选拔与任用中非常有智慧的制度设计。之所以"竞岗必易岗"，主要基于高位均衡、文化融合以及校长共同体建设的考虑，体现了滨湖教育发展的全局视野。一个区教育发展的整体水平，在很大程度上取决于这个区优秀校长的数量，滨湖教育的优质均衡发展同样不是靠一两位优秀校长的引领就能够实现的，需要更多的优秀校长齐头并进。教育是有机的生态链，只有做好小学、初中、高中校长共同体的建设，同时打破校长"学校所有"的格局，使通过竞争上岗的有能力、有冲劲的这些"新鲜血液"真正"流动"起来，通过校长们持续不断地相互作用、相互影响，进而促进学校之间制度的完善、文化的融合和交流，才能真正推进滨湖教育高位均衡发展。

"易岗"是竞争上岗制度设计中的必备环节，参与竞聘的校长在通过竞争上岗"专家测试"的程序，被确定为"民主测评和组织考察"的对象之时，局里会采用"书面通知"的形式履行告知的义务，由竞聘者自愿选择。如果不同意异地交流（即易岗），局党委则不再对其进行民主测评和组织考察，不再考虑对竞聘者的提拔任用。

关于"竞岗"，同样是首批通过竞争上岗并易岗的有内涵而又朴实低调的徐仲武主任坦言："我是第一批竞争上岗的校长。我家住在荣巷，但我去的是最远的、和苏州交界的一所学校，来回50多公里。陈锡生局长找我谈话，让我去，因为组织考察之前我们是签了协议的。局里明确告诉我，你要参加竞争上岗，你不一定知道是哪所学校，但是肯定不在原来的学校，需要做好心理准备。我不愿意去太远的地方，但还是去了，一去就干了3年。对于这所学校，我认为自己是给它的发展留下了烙印的。当时（10年前）我在那所学校就开始提绿色教育，现在它已划归无锡新区管理，成为新区的一所窗口学校和全国绿色教育联盟校。"

另外，有必要特别说明的是，"易岗"并不局限于校长层面，自2009年起，滨湖区开始推行中层干部跨学校竞争上岗，成为致力于更加公平的滨湖教育的又一有益尝试。2009年《无锡市滨湖区教育系统直属单位中层干部跨学校竞争上岗工作实施方案》中明确指出："通过中小学中层干部跨学校竞争上岗，进一步深化干部人事制度改革，打破学校中层干部为学校所独有的格局，促进全区中小学中层干部资源的合理配置，激发干部人才队伍活力，推进滨湖教育高位均衡。"在此思想指引下，教育局公布了2009年度的竞岗职位、职数、资格条件及竞岗范围（详见表1-1），并规定了工作阶段、具体方法和纪律与监督等方面的要求，强调"竞岗工作必须贯彻'公开、平等、竞争、择优'的原则，严肃招考纪律，秉公办事，接受纪检、监察部门和社会监督，不得弄虚作假、徇私舞弊，杜绝不正之风"。

表 1-1　2009 年滨湖教育系统直属单位中层干部竞岗职位、职数、资格条件及竞岗范围

单位	竞岗职位	职数	资 格 条 件	竞岗范围
育红小学	德育处主任	1	具有从事德育工作 3 年以上的工作经历，大专及以上学历，中级职称。有区级以上相关荣誉者优先。	区直属小学
育红小学	总务处主任	1	具有总务管理工作 3 年以上的工作经历，大专及以上学历，中级职称。有区级以上相关荣誉者优先。	区直属小学
稻香实验小学	教导处主任	1	本科及以上学历，数学学科或英语学科的区级以上骨干教师，两年以上（含两年）中层副职及以上工作经历。	区直属小学
梅梁中学	教务处副主任	1	45 周岁以下，本科以上（含本科）学历，区级以上教学骨干，有较强的管理协调能力及理论水平。	区直属中学
太湖格致中学	教务处主任	1	45 周岁以下，本科学历，有过三年以上教务工作经历，具有一定的学校教学组织能力，教学水平较高，并具有相应的教科研能力，文科优先。	区直属中学
太湖高级中学	教科室副主任	1	45 周岁以下的语数外教师，能胜任高中教学，近三年考核至少有一年为优秀，本科以上（含本科）学历，原则上中学高级职称。具有高级中学教师资格，具备区级以上教科研学术称号或市级以上教学荣誉称号，近几年至少有三篇论文在省级以上刊物发表。	梅梁中学、胡埭中学、太湖高中

三、公推

公推意为共同推选荐举某人担任某种职务或从事某项事务，其宗旨是要通过民主的方式，把最优秀、最合适的人选公开推荐出来。公推公选领导干部，已成为滨湖探索教育领域干部选拔制度改革的一种方式，具有独特的进步意义。滨湖的公推在很大意义上切实地将大多数教师和干部的意

愿作为推荐候选人的基础，充分保障广大教师和干部当家做主的权利，彰显了普通教师在教育生活中的主体地位。滨湖区从 2003 年开始实施公推校级领导制度，至今已相对完善。公推的目的如《2010 年滨湖区教育局公推中学校级副职领导干部的实施方案》中所说，要"不断探索完善校长选拔任用制度，营造公平、公开、择优的用人环境，充分发扬民主，体现民意，选拔群众公认、德才兼备的校长"。为此，公推严格按照"公布竞争岗位、公开推荐和自荐、组织报名、资格审查、集中公推、竞岗面试、民主测评、组织考察、任用聘任的顺序进行"。

为使"公推"成为真正意义上的"公"推，而非某个人的意志所为，配套《2010 年滨湖区教育局公推中学校级副职领导干部的实施方案》，滨湖教育局出台了《2010 年公推中学校级副职领导干部考察方案》，对考察的时间、对象、内容和方法等事项做了详细的规定。考察结果以"关于×××同志的考察报告"方式呈现。在考察报告中，主要聚焦考察对象的现实表现和主要不足与建议，以为其后的任用提供借鉴和参考。

2012 年 7 月，滨湖教育局以"减少人为因素干扰，增强干部选任公信力"为题，对 2012 年的公推竞岗工作进行了总结，将校级领导干部竞争上岗工作置于"打造无锡最具影响力和竞争力的标志性区域"的宏观背景下，选拔和储备能推动滨湖教育质量全面提升的优秀人才。正是在这一战略背景下，2012 年校级领导竞争上岗的重点环节中均"有所创新、有所突破"，让参与者感受到平等、公正、合理和期待。教育局党委副书记金春兰总结道：

第一，让参与者感受平等，亮出党组织广纳人才的智慧。校级领导竞争上岗的重要使命是挖掘符合教育发展需要的优秀人才。只有我们的制度设计体现出共同的价值追求，才有可能得到广泛认同，吸引四方人才。首先，在设置报名条件时，我们将条件阶梯下沉，让年轻的优秀人才获得破格申报资格；其次，将推荐方式开放，通过"个人自荐"、"群众举荐"、"组织推荐"的方式兼顾各方人才。如对远在新疆支教的优秀人才通过支教所在地的举荐直接进入面试，对教研中心的专家型人才通过教研中心党组织推荐集体报名参与竞岗。最后，我们在公推、竞岗时通过"分类推荐、合理匹配、设限保障"的方法来确保各学段有足够的优秀人才接受组织挑选。推荐方式的多元化，操作环节的细致化，让参与者感受到人格平等和机会均等，只要有意愿、有能力就能早日脱颖而出。

第二，让参与者感受公正，亮出党组织选拔人才的大气。校级领导竞争上岗的核心问题是把党组织手中的权力"公"字放大，用好公权。局党委首先相信群众的眼睛是雪亮的，把选人的第一权交给由各学段正职校长、书记组成的公推评审组，要求校长、书记以宽广的胸怀、全局的观念、负责的态度和理性的判断投出负责任的一票。其次，相信监督的权力是无私的。一是全程公开，接受社会监督。在滨湖教育信息网上主动公开各阶段候选人名单等信息，全过程接受社会监督。二是实名推荐，接受现场监督。公推评审组在整个公推过程进行实名推荐，表示对推荐结果负责。三是邀请参与，接受纪委监督。自觉接受各级纪委对校级领导竞争上岗运行情况的监督管理，将外部监控贯穿竞岗各环节。四是合理授权，接受同级监督。把竞岗命题、考官选聘、竞岗组织三个关键环节合理分权，分别由三位局领导牵头总抓，三个环节的责任人互不干涉，互不通气，主动回避，分步推进。推荐站位高，监督设置严，让参与者感受到公开透明，只要优秀就能获得广泛认同。

第三，让参与者感受合理，亮出党组织评判人才的信心。校级领导竞争上岗的主要难点是人才评判，它取决于能否完成甄别滨湖教育发展需要的优秀管理者的任务。首先，采用"特级专家评判法"。我们邀请了一批来自南通海门市、南京鼓楼区、常州武进区、无锡一中、江南中学、锡师附小的名校长、特级教师组成专家面试组，帮助我们甄别人才。其次，采用"分类集中考察法"。根据不同学段不同类别候选人，组成幼儿园、小学、中学副职领导候选人和中学正职领导候选人四个考察组，由四位局领导带四个考察组一一考察同类职位候选人，保证了评价标准相对一致。最后，采用"全程分段计分法"。每名候选人，每通过一个环节的考核都有一个成绩，候选人的最终成绩由校长公推、专家面试、民主测评和组织考察四个环节按2：3.5：1.5：3的比例分别计算获得。评价的立体化，展示的全程性，让参与者感受到客观合理，只要优秀就能拥有施展才干的平台。

第四，让参与者感受期待，亮出党组织储备人才的远见。校级领导竞争上岗的战略问题是人才储备，为滨湖教育的长远发展战略服务是我们的责任。首先，坚持"适量储备"的原则，在实施方案中明确"对本次竞岗中涌现的优秀人才，由于岗位职数限制不能上岗的候选人，进入相应校级领导储备库"。其次，实施"复合型人才"策略。通过岗位轮换，使储备人才经历多岗位锻炼，开阔眼界，同时也挖掘各职位最合适的人才。最后，建立"人才培训基地"。依托北京、上海等一线城市名校建立基地，使储备人才优先获得跟岗培训和跟班培训的机会。以超前的思维去规划、储备人才，让参与者感受到机会是提供给有准备的人，只要准备充分就能承担大任。

第二节　融合与创新：校长交流制度

校长交流制度，即校长轮岗交流制度，就是规定中小学的校长在一所学校任职到一定年限后，将其调遣到另一所学校从事管理工作。交流的学校大多是薄弱学校，交流的目的旨在缩小学校之间的差距，促进城乡学校教育教学管理水平的整体提高。简言之，校长轮岗交流最根本的目的就是促进义务教育高位均衡发展。这一制度的实施，给教师们带来的影响是巨大的，可谓与教师交流相得益彰，相互推动。在滨湖区，校长的个人意愿、能力和个性，常常是轮岗的主要驱动力。然而校长交流制度真的能达到预期的目标吗？这样的制度能否真正带动薄弱学校发展，给流动的对象学校以及区域内学校整体水平的提升注入源头活水？这需要我们用事实说话。

一、融合中提升

一般认为，校长交流制度确有其自身的合理性。这样的制度可以建立合理的人才流动机制，让一些优秀的管理方法和校长一起被带到不同的学校；可以激发学校的办学活力，避免校长管理的惯性和定式以及腐败的滋生；可以方便校长开展工作，摆脱学校之间、校长与各个层级之间的复杂关系；可以促进校长自身的成长，比如现实中有些校长就感慨自己每进入一个新环境就是对自己的一次挑战，正是这样的一次次挑战成就了自己的一点点成长。① 滨湖的校长交流不仅印证了上述观点，更让我们看到其给学校和教师带来的多方面变化，夏愉然副校长便是其中的一位。

夏愉然，现任河埒中心小学副校长，此前担任过荣巷小学和育红小学的副校长，是一位美丽而亲和、温婉而知性的年轻校长。与夏校长的访谈，让我们对校长交流制度有了全方位的了解。

访谈者（以下简称"访"）：您作为一位校长，亲历校长流动，能说说您目前所在的河埒中心小学的情况吗？

夏愉然（以下简称"夏"）：我原来做荣巷小学的副校长，2002 年 7 月学校并到育红小学，我做副校长，分管教科研、宣传和教师培训。2010 年 7 月，局里决定调我去河埒中心小学。河埒中心小学有 24 个班级，下辖两所普通小学，规模比育红小学小，在这里三个小学可以统一调配活动，比如期中考试、教学研究。我在这里分管教学、德育和科研，另一位副校长分管后勤、艺术和体育。

访：觉得"育红"和"河埒"有什么不同？

夏："育红"是大而丰富的。她是百年老校，又是合并的，所以工作内容比较丰富；而"河埒"的特点则是小而有序，每个年级只有 4 个班，德育工作可以整合到一起做，和老师们接触也深。在 2010 年 7 月到 10 月间，我在中关村四小挂职锻炼；回来以后，从 2010 年 10 月至 2011 年 1 月，我已经听过"河埒"所有老师的课了。

访："河埒"与"育红"的工作环境有什么差别？

夏：在"育红"，整天忙于接待，因为来"育红"访问的人比较多，有专门的对外接待处；而"河埒"是比较让人静心的学校，行政方面是局直属，财政方面归河埒街道办事处管理。绩效工资对我个人的工资基本没有影响，我的工资还是教育局发放。

访：您个人怎么看校长交流制？

夏：加速融合，包括不同地域之间、不同特色的学校之间、不同校长的办学理念之间的融合。校长经历丰富了也有好处，在不同的环境里接触多了，思考问题的时候会有更多的想法。"育红"的特色是"化新教育"，就是"春

---

① 鲍东明. 校长角色与校长发展［M］. 北京：开明出版社，2005：108.

风化雨，推陈出新"；而"河埒"的特色是"同伴教育"，即生生之间、师生之间、家校之间、师师之间的相伴教育。我们可以把在"育红"工作时一些好的做法，拿过来和老师一起讨论，设计出适合"河埒"的方案。

二、创新与校园文化传承何以兼得

太湖格致中学的惠明校长拥有非常丰富的交流经历，他曾经在 7 所学校轮流任职过，从最早的八士中学（完中）到锡山职业高中再到锡南高级中学，然后在华庄高中、教师进修学校先后任校长，最近几年在太湖高中（滨湖区唯一的四星级高中）以及江南大学附属中学（简称江大附中）任校长，2012 年调任太湖格致中学（滨湖区一所全寄宿制中学）校长一职。如此丰富的校长交流经验带给惠校长的是超强的适应力和一流的开发力。惠校长坦言："我个人没有什么官本位意识，我只是很享受交流带给我的历练和成长。每到一个不同的学校我会尽快地抓住它的发展关键点，然后力图改善局面或者构思新的发展。"

惠校长在江大附中任职期间，考虑到学校的"新生性"，教学方面还较为薄弱，于是重点在升学率及教学硬指标上下功夫。几年下来，江大附中的教学、学校管理已经初具成效，褪去了新生校的青涩，开始渐趋成熟。与此同时，区内另一所学校正面临新的发展转型，这就是太湖格致中学。这是区内唯一的全寄宿制学校，规模不大，由于地处城乡接合部，土地大部分都是以前的农田。随着近几年城市化发展以及太湖新城的开发，现在这所学校周边基本都被新的商业楼盘包围。惠校长充分利用这一变化，变劣势为优势，提出了办学理念辐射社区的构想。在惠校长看来，"格致中学很特别，周边全是新兴楼盘。而目前这些新社区还相对封闭，学校与社区之间基本没有联系。学校的育人功能还只限于学生，而像融创、万科小区的居民却并不能共享教学资源。这一点很是可惜，也应是学校寻求发展的一个窗口"。因此，新官上任的惠校长便着手与周边社区的房地产商们洽谈，寻求合作机会，以此实现增强学校影响力、争取商业投资建校并惠及社区居民的双赢局面。这还只是惠校长的众多新想法之一，还有诸如像绩效工资方案修改等内容，都已经纳入了惠校长新一年的日程安排。我们有理由相信，像这样一位善于弄潮、敢于创新的校长，他的每一次流动，都会带活一方水土，带来新鲜血液。

在校长流动制度受到好评之余，也不乏质疑的声音：一位好校长的到来的确让薄弱学校焕发了生机，那么原学校是否会因为失去一位好校长而遭受损失？原有的校园文化建设、改革创新成果是否能维持？因为"均衡"不是"平均"，不是"一刀切"，更不能以牺牲优质校为代价。

在滨湖，有一位广为称道、德高望重的老校长——邱菊琪，滨湖教育人习惯称其为"大邱校长"。大邱校长曾先后任蠡园中学、东绛实验学校①的校长，后来由于华庄中学的发展面临瓶颈，便于2009年2月交流到华庄中学担任校长，同时兼任东绛实验学校的党支部书记。在华庄中学担任校长的两年里，大邱校长将他的"当量教育"理念推行到现实教学中，为学生们打造了"选课走班"的先进教学模式。然而，当华庄中学的教学蒸蒸日上之时，大邱校长又离开了华庄中学重新回到东绛实验学校校长岗位上。这种"哪儿需要我去哪儿"的交流调动本身是一件很好的事情，因为这一位校长的才能和人格魅力能带活几所学校的发展，然而同时也会有不可避免的损失。例如，大邱校长走后，华庄中学的"选课走班"与"晋级制"面临很大困境。因为不同的校长在教学理念、学校管理上会存在某些差异，而推行一项改革所需要的勇气和才能更不是每位校长都具备的，一项教育改革常常会因为改革者的变动而难以为继，学校的办学理念、文化及特色可能面临中断甚至沉埋。

陶行知先生曾说过："一个好校长就是一所好学校。"著名教育家杜威、陶行知等都是十年如一日地坚守着自己的教育阵地，从而创造出卓越的教育理念。可见，名校是几代人创立下来的，学校的文化不是一朝一夕就可以形成的。特色学校需要薪火相传的理念，一脉相承的坚持，才能逐渐地显山露水，建功守业是一个连续的过程。学校发展的根就是办学理念，而一所学校办学理念的形成和选择是需要校长根据学校自身的状况、区域环境、学生层次、师资水平等因素来确定的，同时还需要在教育实践中不断观察、积累、调整和完善，需要一个相对长的过程，才能使校长形成日趋成熟、相对稳定的独特教育理念。② 这样一来，如果校长交流仅限于行政安排的交流，不能反映校长个人的需求，校长的理念与一所学校原有理念和

---

① 原为东埠实验学校，后改为东绛实验学校，本书中不再区分，统一称东绛实验学校。
② 林明地. 学校领导：理念与校长专业生涯 [M]. 北京：九州出版社，2006：103-118.

文化不相匹配，就难免产生一些负面的影响，甚至造成一种资源的浪费。优质校能否继续卓越？弱校怎么借势变革？源头活水与校园文化传承何以兼得？这些都是实施校长交流制度时不能不思考的问题。

三、校长考核是法宝

要想校长交流有实效，对校长工作进行有效考评是关键。"十年树木，百年树人"，教育成效具有滞后性，需要时间来检验。校长轮岗交流或多或少会使某些学校出现一些政绩工程，毕竟很多时候校长在位时所做的工作可能要到下届才能体现，而这时衔功领赏的可能已不再是当年的校长了。个别校长甚至只顾个人的利益，在学校建设和教学管理工作上全没有了热情，出现了"第一年看，第二年干，第三年溜"的局面。为了让校长能够真正发挥热情，同时将最适合的校长与学校相匹配，对于交流校长的考评制度至关重要。

在这一点上，滨湖区校长交流工作可以说是有一套非常具有人文关怀的制度在支撑。得益于区内的统一管理，基本上各个校长的特点都被区教育局了解得非常清楚，知道他们各自适合什么环境、能创造什么样的发展格局，这种教育行政部门本身与校长个人构建的理解和沟通对于充分发挥校长能力、将校长交流制度的优势最大化具有重要意义。因此，滨湖区内校长的交流、挂职都是满足了双方的需求，并对校长个人给予了充分的人文关怀的。从这一层面上说，滨湖区的校长交流相较教师交流而言显得更为和谐、有效。

第三节　高开稳进：中层以上干部的挂职锻炼制度

一、缺什么，补什么：挂职锻炼的宗旨

通过竞争上岗的校长及其他中层干部，通常都具有素质高、能力强、潜力大等特点，可谓之"高开"。如何使其不仅"高开"，还能够在今后的工作中保持"稳进"、"高走"，这是滨湖干部人事制度设计中着重考量

的又一内容。因为竞争上岗的干部中，有的青年干部可能缺乏相应的管理经验；有的虽具有一定的管理经验，但对外交往的能力、对不同环境的适应能力还有待提高；有的干部可能已经有相对丰富的经验，对滨湖的教育工作状况比较熟悉，但因缺乏新鲜感和刺激，难免会产生职业倦怠。为很好地解决上述可能出现的问题，使青年干部在不同环境和条件下得到磨炼、培养，保证滨湖教育系统的每一名干部都能可持续发展，从2001年开始，滨湖区教育局党政班子出台了《关于青年干部挂职锻炼的若干规定》，决定在学校中层以上青年干部中实行挂职锻炼制度。在《关于青年干部挂职锻炼的若干规定》中对挂职锻炼的原则、待遇和管理等事项做出了原则性规定：

青年干部挂职锻炼贯彻针对性的原则，即针对各人不同的情况和需要，缺什么、补什么。可在挂职单位的相应岗位（原任职岗位的上一级或下一级岗位）学习、培训。挂职干部挂职期间只转临时行政关系、组织关系，其行政隶属关系不变，所享受待遇不变。由挂职单位与原单位双重管理，以挂职单位管理为主，挂职人员参加挂职单位的党、团组织生活、工会活动和业务活动，在挂职单位许可的范围列席该校的有关会议。年终参加原单位的当年年度考核和有关评优工作。挂职结束，挂职单位应对挂职人员进行考核，做出实事求是的鉴定，将考核结果反馈给原单位，存入个人档案，作为下一学年聘任、年度考核的依据。

在上述原则性规定的基础上，区教育局党政班子不断地细化方案，明确要让"青年干部在不同环境和条件下得到磨炼、培养，丰富阅历，开阔视野"。这一目的，在夏愉然副校长那里得到了印证。夏校长在谈到她在中关村四小（简称四小）挂职锻炼的收获时说：

我在四小没有职位，只是作为一位倾听者和学习者，跟着看、参观、学习。对中关村四小的印象是真实、不做作，让孩子像孩子。它的办学理念是"每个人都是重要的"。四小很时尚，有点像之前我们在美国考察过的一些小学。这里让小孩有世界的关怀、国际的眼光。比如出操，我们这里的要求是"整齐划一"，四小是"安全、快乐、出汗"。四小墙上贴的画不求完美，全都是学生自己画的。我挂职期间曾亲历一次例行检查，在那次检查中，四小被扣很多分。但之后整个学校从校长到总务主任都是一句话——"要那么多分干吗"。在这里孩子有快乐。挂职锻炼可以拓宽视野、增长智慧、结交同伴。经历丰富了，人会智慧。例如将河埒中心小学的"同伴教育特色"应用到"同伴双人跳绳"，这就是一种迁移启发，而四小也从我们这里借鉴了随堂听课制度等。这样一些例子，都能让人感觉到交流是多多益善的。

挂职锻炼不仅对挂职教师本人有明确要求，还对挂职学校有相应要求，比如，2006 年，局里派两位校长到上海第六师范附属小学挂职学习，在《江苏省无锡市滨湖区教育局关于我区小学校长到上海第六师范附属小学挂职学习有关事项的函》中明确表达了教育局的有关愿望，即"希望从挂职学校学习该校的管理理念，感悟在此管理理念下体现出来的管理行为和管理方法；请安排挂职人员参加挂职单位的党、团组织生活、工会活动和业务活动，并在挂职单位许可的范围列席贵校的有关会议；挂职结束时，请挂职单位对挂职人员进行考核，做出实事求是的鉴定"。这些要求可以在一定意义上避免走过场，真正达成挂职"锻炼"的目的。

二、打碎心中的四壁：挂职锻炼的收效

通过几年的推行，中层及以上干部的挂职锻炼取得了良好的效果，故自 2005 年开始，区领导班子决定扩大轮岗交流的范围和力度，深化挂职、交流的方式。特别是在 2005 年 4 月明确把"挂职交流，克服岗位倦怠"作为 2005 年组织工作创新项目的重点，时任区教育局局长钱江指出：

我们把培养干部把握方向的能力，驾驭发展的能力，攻坚破难、应对突发事件的能力，做政治思想工作的能力作为工作重点。同时针对干部岗位倦怠的表现，即干部在某一岗位时间长了，豪情壮志逐渐消失了，安于现状、平淡无为、得过且过的想法增多了的情况，我们有计划地把干部交流、干部培养和帮助干部克服岗位倦怠结合起来。通过组织面广量大的挂职锻炼（换岗锻炼），让干部拓展交际圈，与他校保持联络，获得理解及尊

重；与他校同事联系，分享教学经验，以此保持对工作的好奇心，坚持对教育工作艺术性、创造性的探索。我们有意识地培养干部在不同的工作环境中观察自己、反省自己、及时处理问题的能力，使干部通过交流获得不同环境的锻炼，帮助干部克服岗位倦怠，一方面提高干部的综合能力，另一方面提高干部适应各种工作环境和各部门工作的能力，达到丰富领导经验、拓宽工作视野、提高领导水平、增强问题解决能力的目的。

这些年轻干部经过不同环境的学习和锻炼，是否真的拓宽了知识面？是否真的开阔了眼界、提高了综合协调能力与决策水平？工作方法真的增多了吗？处理问题的能力提高了吗？工作魄力增强了吗？诸多亲历挂职锻炼的干部是上述诸多疑问的最好回应者，我们可以从他们的挂职体会（挂职总结）中寻求答案。

胡埭中心小学副校长丁霞玲以"执行、合作、创新"为题对其2010年在杭州市崇文实验学校的挂职学习进行了总结。关于"合作"，丁校长写道："崇文人也早已尝到合作的甜头，他们愿意合作，喜欢合作，懂得凡事1+1>2的道理，所以在崇文你看不到单枪匹马、单兵作战的现象，随处可见自觉自愿的团队合作，它调动着大家的资源和才智，产生着一股强大而且持久的力量。"随后，她对师师合作、生生合作、师生合作和家校合作进行了详细的总结。在"创新"部分，她对校园建设的创新、师训模式的创新、课程的创新和学生评价的创新等内容进行了详细的阐述，并总结道："一名副校长如果做到了执行、合作、创新，他就是一名优秀的副校长；一名中层管理者如果做到了执行、合作、创新，他就是一名优秀的中层；一名教师如果做到了执行、合作、创新，他就是一名优秀的教师；一所学校如果做到了执行、合作、创新，它就是一所优秀的学校，崇文就是这样一所学校。"

刘宏副校长在挂职锻炼过程中，不仅自己在学校管理、学校文化建设等方面"收获颇丰"，还带领学校的部分教师到其所挂职的无锡市商业职业技术学院参观学习与交流，先后带领老师们参加了"校园专利申请百日竞赛活动"，参观了创业教育园，组织部分专业教师与相关院系进行交流研讨，通过更多老师的参与，为本校教师提供了一些学习交流的机会。刘校长在挂职体会中写道：

作为学校的行政干部或多或少地会参加相关的考察、参观活动，但就一名普通教师而言，外出的机会相对来说不会很多。教师应该是学校每一项工作的执行者，为了提高学校工作的效果，不仅要不断更新教师的观念，还应通过增强教师的切身感受来提高教师的紧迫感。通过实地参观、交流，发现学校与学校、教师与教师之间的差距就是一个很好的方式。我认为挂职锻炼不仅是挂职者个人学习的机会，还可以将其变成更多教师学习交流的途径。为此，我在自己学习的同时认真寻求学习点，并将其与我校的相关工作进行对照，有计划、有目的地组织相关人员前来参观、交流，这样不但可以增进沟通，还可以最大限度地放大挂职锻炼的效应，充分发挥资源优势。

时任无锡市新安中心小学校长的徐仲武更是以诗意的语言总结了他在上海市浦东新区新世界实验小学考察学习时的感受："有人说，心有多大，世界就有多大。我想，如果不能打碎心中的四壁，即使给你一片大海，你也找不到蔚蓝的自由的感觉。上海之行正是打破了我心中的四壁，让我见到了海的蔚蓝、海的辽阔、海的壮观……"

第二章

凡录必考，历久必动：教师的
录用与交流制度

"莫问英雄出处，用人不拘一格"，

如果你没有任何背景，

就到我们滨湖来。

优质而公平的教育离不开优秀的师资队伍。师资队伍建设是任何地区教育事业发展的最为关键的一环。教育理论和实践均证明，师资队伍的好坏，影响到教育质量的高低，直接关系到办学的成败和教育事业发展的整体水平。建区以来，滨湖便不断深化教育系统人事制度改革，从"凡录必考，择优录取"的新教师录用制度、为高位均衡发展提供源头活水的教师交流制度，到着眼于"全局意识、多面视角"培养的中层干部轮岗见习制度和全员聘任制度等，在干部选用、普通教师选聘等各个环节、各个层面引入公平竞争机制，完善人才聘任和择优选拔制度，拓宽选人、用人渠道，打造优质的师资队伍。

第一节　凡录必考，择优录取：新教师录用新规

滨湖区本着"突出重点、着眼当前、兼顾长远、引进急需、适量储备"的原则，在新教师录用和优秀人才引进等方面进行了机制改革，营造了高吸引力的基础环境，使高素质人才进得来、留得住。

2004年起，滨湖区开始实行"凡录必考"制度，在无锡市率先实行小

学（幼儿园）新教师考试招录制度。[①] 2006 年起，每年出台《无锡市滨湖区招聘新教师考核录用办法》，并将实行新教师招录制度的范围由小学扩展至中学，不仅吸引了无锡市的优秀师范生源留在滨湖区工作，也吸引了省内外大批优秀毕业生前来应聘。2003 年至 2012 年，全区招录工作的总体趋势为：报名人数逐年增加，考生来源越来越优秀，岗位竞争越来越激烈，招考制度越来越完善，运行越来越高效。更为重要的是，招考制度实施 10 年来，其公平、公正性得到考生及其家长和社会各界的广泛认可，滨湖可以自豪地对考生说："如果你没有任何背景，就到我们滨湖来！"

论及招考的公平、公正，还得取决于制度设计是否严密及其在实施中能否全面落实。让我们从以下关键词中来体会滨湖区的教师录用制度是如何体现公平、公正的。

一、权力制衡

法国思想家孟德斯鸠早在两百多年前就指出："一切有权力的人都容易滥用权力，这是万古不易的一条经验。有经验的人们使用权力一直到遇有界限的地方才休止。从事物的性质来说，要防止滥用权力，就必须以权力约束权力。"[②] 招聘新教师的权力是一项非常重要的、包含利益因素的实权，特别是在近些年来高校扩招导致的应届高校毕业生就业压力不断增大、教师社会地位相对稳定的背景下，编制内的中小学教师职位成为较受应届毕业生青睐的就业选择。在这样的社会现实下，如何给招聘新教师的权力行使设置一定的"界限"，换言之，如何使权力不集中在某一个人手上，避免因权力过于集中而导致权力滥用，同时，又能通过完善监督机制，使权力者"越界"后必然面临相应的惩罚，承担越权和滥用职权的后果，就成为新教师录用制度设计中需要首先解决的问题。

滨湖的新教师招录制度充分考虑到这一点。从 2005 年开始，每年的教育系统招聘录用新教师工作，均成立了由区人事劳动和社会保障局（2008

---

① 当时的中学考核考评工作由各单位具体负责。各学校成立以学校主管领导为组长的招聘新教师领导小组，按专业成立招聘新教师考核考评小组（由 3—5 人组成），坚持"公开、公平、公正"的原则，负责新教师的考核考评。

② 孟德斯鸠. 论法的精神：上册 [M]. 张雁深，译. 北京：商务印书馆，1959：184.

年后改为人力资源和社会保障局，均简称人保局）、区监察局和区教育局主管领导为组长的招聘新教师领导小组，全面指导招录工作。该领导小组具有明显的分权制衡色彩，人保局、监察局和教育局三方制衡。教育局内部也有明确分工，每一个部门只参与其中的一项工作，比如教师资格的审查由教育局人事科负责，试卷命题工作由教研中心负责，组织考试由教育局招考科负责，而考官的确定则由纪委和人保局共同确定，以此构建防止独揽大权、杜绝暗箱操作和严守公平、公正的城墙。而且，分权制衡渗透到整个招考的全过程。

在分权制衡的同时，又在各个具体环节明确各自的责任。任何一个环节，一旦出了问题，就可直接归责于相关责任方。责任人明确清晰，无相互推诿的空间，这样既便于管理，保证制度的良好运行，又能从源头上防止出现"猫腻"。毕竟，很少有人能有如此的心态与胆量，敢站在最明亮的位置做各种"越界"动作。

二、回避

在整个招考的全过程中，难免会出现考评相关人员的亲属或其他利益相关者参与竞争的情况。为避免发生徇私舞弊现象，滨湖区实行回避制度。一般要求考评人员主动申请回避，如果考评人员没有主动申请回避，一旦由考生或他人举报，经查属实的话，则面临受行政处分的危险。如《2011年无锡市滨湖区教育系统招聘新教师考核录用办法》的第五个方面是"纪律与监督"，规定："教师招聘工作必须贯彻'公开、平等、竞争、择优'的原则，严肃招考纪律，严格秉公办事，接受纪检、监察部门和社会监督。为方便群众和社会监督，杜绝不正之风，特设立监督举报电话……"这里面就包含着对回避制度执行情况的监督。

三、抽签

抽签普遍应用于我们的日常生活中，与其类似的方式还有摇号、抓阄等。我们见过不同场合抽签的人，抽到上签，常常很欢喜，而抽到下签，也未见谁寻短见，最多觉得沮丧些，摇号亦然。之所以如此，原因在于抽签、摇号和抓阄等都是随机事件，其基本含义就是事前的不确定性，而事前不确定就意味着难以做足"功课"。如同以同样的方式抛置硬币，既可能正面向上，也可能反面向上，不管出现哪种情况，我们都很难事先预料，即便预测准确，那也只不过是"瞎猫撞到死耗子"，换句话说，是运气好而已。由于抽签等随机事件的不确定性是针对所有参与者的，因而，在一定意义上，抽签就意味着是公平的，参与者通常都会认"命"。

在教师招考过程中，"抽签"这一相对公平的方式主要应用于以下两个关键环节。

一是考生上课考核（俗称试讲）的顺序和讲课内容的选择。上课考核主要测试应聘者的教育教学能力，对课堂教学目标、教学内容、教学方法、教学组织及教学效果等做出评价。由于笔试成绩和上课成绩通常是按4∶6计入总成绩，对总成绩从高到低排序，并按照需求数1∶1的比例，确定入围名单，因而，上课成绩的高低直接影响应聘者的总成绩。在试讲环节，谁先讲、谁后讲，你讲什么、我讲什么，所讲的内容是否熟悉等，就成为影响成绩的重要因素。为给考生提供相对平等的竞争环境，在讲课顺序和讲课内容两个环节，均采取了抽签的方式。特别是抽签决定讲课的内容，避免了考生因事先知道上课内容而过度准备或请别人代为准备，导致无法反映考生真实素质的弊端。考生经一个半小时的准备所展示的讲课能力，在很大程度上能充分反映考生真实的教学基本功，有助于实现择"优"的目标。

上课考核的细节有必要在这里详细介绍一下。上课考核主要是按时段进行，通常一个上午或一个下午为一个时段。同一时段考生的讲课内容相同，由该时段考生推选一个考生代表抽签来确定考题。考生将所抽之签交给工作人员，这时考生并不知道上课的具体内容，可谓是都在"无知之幕"[①] 下在专设的休息室等候；其后，同一时段的考生抽签决定讲课的顺序；轮到要讲课的考生提前在准备室准备（在准备室准备的过程中手机等通信工具由工作人员暂时保管，且任何资料、物品都不能带）；逐次到上课教室讲课；上课后由考官打分，进行成绩汇总。在这个环节，每一个时段

---

① "无知之幕"，Veil of ignorance，见约翰·罗尔斯的《正义论》。罗尔斯认为，只有在每个人都受到无社会差异的对待时，正义才会出现。"无知之幕"意指在人们商量如何给予一个社会或组织里不同角色的成员正当对待时，最理想的方式是把大家聚集在一个幕布下，约定好每一个人都不知道自己走出这个幕布后将在社会或组织里处于什么样的角色，然后大家讨论针对某一角色大家该如何对待他，这样的好处是大家不会因为自己的既得利益而给出不公正的意见。

的讲课内容不同，避免了考生提前准备（漏题）；相同的讲课内容有助于横向对比，充分判断考生的能力；公推抽签者和自己抽签决定内容和讲课顺序能够很好地体现公平，使大家少一些抱怨，多一些认同。

二是考官选择。哪些人能够成为上课考核环节的考官，在多大意义上能给每个考生公正的评价，是影响上课考核环节公平性的核心因素。上课考核环节的考官通常是从滨湖区评定中级、高级职称评委库的评委中产生，遴选方式是在监察局、人保局和教育局的三方领导监督下"摇号"产生，包括有招聘资格学校的校长也不清楚谁是考官。比如曾承担过招考工作的潘望洁校长说：

我们区域的新教师录用，整个过程设计得很完善。最初是资格审定，即什么样的老师可以报考我们的新教师，之后是笔试，请专门的专家来出试题，并且要区分学科；再后来是面试，主要是请一些一线教学专家来进行考查评价。在整个过程当中，我们设计的制度主要是突出一个公正性，没有任何人可以通过跟谁打招呼在某个环节上暗箱操作，因为这个制度下大部分身处其中的人都是相互牵制的，人员很多。比如，一个语文学科有很多专家，这个专家到底是谁，在考试前我们都不知道，是随机抽的；负责考试的老师进入考试现场的时候，所有的手机全部被收掉，他们在哪里我们也不知道，这是整个区域层面的。如果我们被抽到了，我们也是头一天晚上甚至当天早晨才知道。制度设计中人员确定环节的随机性杜绝了很多暗箱操作，确保了它的公正性。我们只提供专家库，专家库中这么多专家由遴选小组来随机抽取，实际上这些专家他们也不认识。比如，遴选组组长问这个考场需要多少考官，我们说需要7个，那通常会抽取8个人；8个人一早通知到，但也不是都进考场，而是在纪委、人保局的领导都在场的情况下，当场抽掉一人作为考官助理，做服务工作不进考场，最终由7位考官打分。这样一来，每一个环节都有一部分人负责，权力制衡，保证公正性。

四、全陪

考官的随机产生杜绝了"事先打招呼"情况的发生，在整个考核过程中如何不给考官"主动违规"的机会也需要精心设计，为此，滨湖产生了全程陪同的"全陪"策略。对此，曾承担过招考工作的区教育工会主席袁菁描述道：

> 每个分管领导都在管一摊子事。后勤组负责这些考官的吃住。教育局、纪委全程参与，送考官到考点，陪着考官住下来。考官若要打电话，一定要到纪委负责的同志那里去打；参加面试的评委，如果要上厕所，也不能一个人出面试教室，一定要几个人一起出去；如果碰到面试考官有什么突发的紧急任务，需要外出，也要由纪委的工作人员陪同……设计得非常精细，确保每一个环节都不会让人质疑，这是一个基本原则。

五、成绩

"考、考、考，教师的法宝；分、分、分，学生的命根。"在新教师招录中，又何尝不是靠考试分数决高下！我们不能说"考"一定是最好的方法，但最起码它给所有考生一个相对平等的机会、一把公平的尺子。一切由"分数"来说话，可以避免"权力"和"金钱"的干扰。在成绩评判上，有两个环节值得特别提及：一是笔试及其成绩的评判，二是上课考核环节的成绩产生方式。

笔试成绩通常占到总成绩的40%。笔试时，一般在考场门口设有金属探测器，检查监考教师是否携带违规工具；监考教师上交手机等通信设备，杜绝考试作弊等行为的发生。考试内容为综合知识和学科专业知识，如《2011年无锡市滨湖区教育系统招聘新教师考核录用办法》中规定："笔试考核内容为专业知识、教育理论基本知识和教育政策法规等。统一笔试后，根据笔试分数，结合加分因素（中共党员的考生加2分，研究生学历的考生加3分，生源为滨湖区的考生加2分）得出笔试成绩，根据笔试成绩高低按学科需求数的1:3划定分数线，人数不到1:3的划基准线，确定进入上课考核环节的人员，并进行公示。为保证教师队伍性别比例的合理性，男女生将分别划线，确定进入上课考核环节的人员名单。"

教育局、监察局、人保局三方共同从专家库（专家库中的专家资源是由各学校提供的，每个学科有40—50人的容量）中随机抽取8个专家来担任上课测试考官。而且，请专家来时，通常不告诉他是来任考官的，只是告诉他来培训三五天，来了之后再告之目的。整个过程集中住宿，没有通信设备，至少要 3 个人在一起才能说话，上厕所也要至少 3 个人一起，有纪委的工作人员在场监督。专家的随机产生方式和阅卷过程的严格保密在很大程度上避免了阅卷中徇私舞弊情况的发生。

"去掉一个最高分和最低分，取平均分"这种评分方法我们通常在对参赛者的根本利益有重大影响的大型比赛中看到过，如奥运会跳水比赛、中央电视台的青年歌手大奖赛等。由于上课考核无法像评阅笔试试卷那样密封进行（评阅专家无法获得考生的直接信息，无法对号入座），考官与考生当面接触，很难排除背后的个人恩怨或者受人请托等对考官的影响，去掉一个最高分和一个最低分，最主要的目的在于防止因为个人喜恶、偏见或是打击报复、徇私舞弊等非能力因素而造成对考生的不公正评分。这样一来，就能够在一定意义上消除考官比较极端的评分，使考核更有公正性。不仅如此，如果考官之间对同一个考生给出的分数相差 10 分以上，计分人员会及时把情况反馈给考官，寻找原因，要求考官给出合理解释。如果没有异议，考官可以继续坚持原来的标准打分；如果有异议，则由考官小组讨论，最后由考官小组组长确定该分数的有效性。人事科的张敏科长讲了选聘新教师过程中的一个小插曲：

在一次监考滨湖区的教师招聘考试中，跟一位家长聊天，那位家长说她的女儿来参加考试，报了生物学科。这位家长原先想打听一下，找一位熟悉的考官，其女儿却对她说："妈妈，不要找考官，即使打一个最高分也没有用，最高分是要被去掉的。"

六、公示

公平的前提是公开、透明，使所有的权力运作都在"阳光下"进行。公示制度既能保障行政对象的知情权，又能给相关利益者以及其他公众监督的渠道，使"病菌"、"蛀虫"无藏身之地。

公示主要在以下几个重要环节进行：第一，每年年初在教育局的网站上公布的招聘新教师考核录用办法，明确当年招聘新教师的岗位需求数、招聘对象及条件和招录办法等重要信息，接受考生的报名；第二，报名对象经审查合格后，在教育局网站上公示应聘者名单，并接受社会监督；第三，笔试成绩出来后，对进入上课测试环节的考生名单马上予以公示；第四，上课测试结束后，公示上课测试成绩和最后的总成绩，并且公示成绩时是连同考生姓名、准考证号和考试成绩及其排名一起公布，考生本人不仅能够知道自己的成绩，同时还可以知道一同竞争的其他人的成绩；第五，体检结束后，对体检合格者名单亦及时公示。

公示期一般在一周左右，在公示期会对外提供咨询电话，以接受考生本人和其他公众的监督和质询。正因为每个环节都有公示，且由成绩说话，使得新教师招考中没有"条子生"。"就算某某局长给我们打电话，我们也没办法的，因为所有的分数都要公布的。"张科长如是说。"一个学生背后，有爷爷、奶奶、外公、外婆、爸爸、妈妈，有许多人在关注，有许多双眼睛在看着，出于这一点也要确保选聘的公平性。"金春兰副书记这一席质朴的语言值得我们深思，因为最质朴的也最有生命力！

第二节　高位均衡的源头活水：教师交流制度

师资力量的不均衡是我国城乡之间、学校之间教育发展不均衡的重要因素之一。教师流动单向化（基本是从农村、薄弱学校向城市、优质学校流动）的局面更加剧了这种不均衡。对此，有些地方政府开始采用行政干预的手段以推动教师的合理流动，通过政策的强制力保障教师从城市发达地区和优质学校向农村地区、薄弱学校流动，以达到促进城乡教育均衡发展、推动城乡教育一体化的目的。教师交流制度也成为滨湖教育高位均衡发展的源头活水，有其独特之处。

一、流动的目的：教师资源的均衡分配

《国家中长期教育改革和发展规划纲要（2010—2020年）》（简称《教育规划纲要》）强调，要"实行县（区）域内教师、校长交流制度"，"率先在县（区）域内实现城乡均衡发展，逐步在更大范围内推进"，"建立健全义务教育学校教师和校长流动机制。城镇中小学教师在评聘高级职务

（职称）时，原则上要有一年以上在农村学校或薄弱学校任教经历"。这可视为我国义务教育阶段教师交流政策以制度的形式得以确立的标志，其根本指向是教育公平，直接目的在于打破校际人才壁垒以及不合理的教师结构，以实现义务教育均衡发展。教师交流制度经由《教育规划纲要》确定后，通过各省、市颁布一系列规范文件的细化，确保教师岗位交流工作制度化、规范化。在国家"以县为主"的政策指导下，无锡市教育局认为，当下最重要的是先把教师"交流"起来，下一步准备利用评估的手段更科学地把握教师流动。

早在 2003 年全员聘任制实施之时，滨湖就对"学校未聘人员（因专业结构调整而未聘）和本人有流动愿望的人员"实行"双选"制度，允许部分教师到其他学校任教，这可看成是滨湖最早的教师流动。到 2008 年，"双选"制度目标本身发生了根本变化，已不局限于狭隘的安置分流人员层面，而是作为提高师资均衡的有效举措和教师培训的有效机制，进而推动滨湖区义务教育整体均衡发展。"双选"的对象范围也由本人有流动愿望的人员和未聘人员扩大为到其他学校（包括普通小学、分部、办学点）支教的优秀骨干教师、到其他学校（包括中心小学、总部）培训的教师、评职称需要轮岗的教师、校际联动需要交流的教师和没有取得相应教师资格证书的公办教师等七类。可见，教师流动作为一项制度在滨湖已初步成形。

2010 年 2 月 22 日，江苏省面向社会公布的《江苏省实施〈中华人民共和国义务教育法〉办法（征求意见稿）》的第二十一条第二款规定："县级教育行政部门应当均衡配置城乡教师资源，建立本行政区域义务教育公办学校教师定期交流制度，组织公办学校教师流动。教师在同一所学校连续任教满六年的，应当流动。具体办法由省教育行政部门会同省人力资源和社会保障、财政部门制定。""六年应当流动"的硬性规定引起了社会各界的广泛关注，在 2010 年 9 月 29 日江苏省第十一届人民代表大会常务委员会第十七次会议通过的《江苏省实施〈中华人民共和国义务教育法〉办法》中，删除了"六年应当流动"的规定，最终修订为"实行校长、教师交流制度。县级教育行政部门应当组织本行政区域内学校校长、教师合理流动。具体实施办法由县级以上地方人民政府教育行政部门会同有关部门制定"（第十八条第三款）。

2010 年，无锡市制定了具体的关于教育高位均衡发展的指标体系，提出："对农村学校和相对薄弱学校实行政策倾斜，在办学条件、师资队伍、管理水平、教育质量等方面给予重点帮扶，形成城乡一体、共同发展的机制……建立教师交流长效机制，每年专任教师交流比例、骨干教师交流比例均不低于 15%。专任教师交流比例指交流的教师数与教师总数之比，骨干教师交流比例指交流的骨干教师数与骨干教师总数之比。教师交流可结合本地实际采取多种形式，核心是有利于促进区域内学校之间教师队伍的均衡配置和专业发展。"可见，教师流动政策的号角在无锡也在滨湖吹响了。不是教师想去哪里就去哪里，而是"哪里需要我，我就去哪里"，由此，教师交流制度就由满足教师个人一己之私利向打造高位均衡的教育这一公共利益转变。

二、流动的现状：知难而进

2010 年 7 月 1 日下午，在滨湖区雪浪中学行政楼二楼会议室，早已坐满了区内各公办中小学校长，义务教育教师轮岗交流大幕由此拉开。《2010 年无锡市滨湖区义务教育阶段教师轮岗交流工作安排》（简称《教师轮岗交流工作安排》）可谓是滨湖区最早的有关教师交流的正式文件。《教师轮岗交流工作安排》中要求携带的材料有：拟交流教师"滨湖区教育系统人才轮岗交流登记表"（在中心校与普通小学、总校与分校之间流动的教师也必须填写）；学校公章（中心校、总校需带普通小学、分校印章）和"滨湖区教师人才交流汇总表"。流程包括：首先，学校确定轮岗交流教师流动去向，教育局纪委全程参与监督；其次，双方学校在"滨湖区教育系统人才轮岗交流登记表"上盖章确认，双方学校及教育局各留存一份；最后，汇总本校教师交流流动情况，填写"滨湖区教师人才交流汇总表"，加盖公章后，学校与教育局各留存一份。7 月 15—16 日，在教育局组织人事科办理正式调动。

拟参加轮岗交流的教师，均需填写相关的交流登记表，登记表内需要清楚记录教师本人的姓名、性别、出生年月、工作年月、最高学历、所学专业、家庭住址等基本信息，还需要填写专业技术职务、行政职务、任教学科、工作经历、交流意向以及是否是骨干教师和是否是自愿等相关信息。

具体到每一位教师、每一所学校，如何确定比较合适的方案，需要根据学校自身的情况因地制宜地制定相应的策略。以华庄中学为例，华庄中学在大体交流比例上采用无锡市规定的 15%，具体到确定交流先后顺序上则采用"积分法"。积分法是一套计算办法，其中将教师的工龄、年龄、亲属关系以及支教类活动都考虑在内，同时列举了特殊原因不适宜交流的情况，在坚持刚性原则的基础上比较人性化。

但我们从相关政策中提到的"从 2010 年开始，学校将把教师轮岗交流工作列入年度考核"、"对教师申报高一级职称的，将严格执行原则上要有轮岗交流经历的规定"、"对无特殊原因不参加交流的，学校将按规定不再聘用聘任"这些规定中可以看出，教师轮岗交流具有强制性，带有明显的行政命令特性，属于刚性制度。这一特性正是目前许多教师对教师交流制度产生负面情绪的缘由之一。

由于教师交流主要是运用行政强制力保证实施，同时各个学校确定的交流教师标准又有较大差别，如包括华庄中学在内的大多数中学执行的标准是通过计算工龄来确定需交流出去的教师，而有些小学之间的交流沿用的是年龄标准，即把符合交流条件的老师按照年龄排序从年龄最大的开始交流。在这一过程中，非自愿交流到别的学校的老师们难免会产生一些负面情绪。但从另一个角度来说，教师这一职业群体的特殊性决定了教师本身对自我价值存有较高的诉求，这一特性决定了他们无论在何地工作都会力图通过带好学生和班级从而建立自己的职业稳定性和职业成就感。因此，滨湖区的老师们不管被交流到区里哪所学校，他们都表示：到新学校后一定会好好干，而且会比以前尽可能做得更好，以证明自己不是被原学校"淘汰出去的"。之所以有这种想法，与此前教师的一些"非正常流动"有很大关系。

在教师交流作为一项制度实施之前，包括无锡在内的全国各地均有教师流动，其方式主要有两种：一种是教师个人导向的，骨干教师或特级教师作为自然人具有趋利性，往往更容易向更优质的学校流动，通常是教师由原来的农村学校、薄弱学校或者福利待遇较低的学校向城市学校、优质学校或福利待遇较高的学校单向流动，这种流动无异于优质学校向原本薄弱的学校掠夺优质师资的野蛮侵略行为，加剧了校际间的不均衡；另一种是一些地区在实施教师聘任制过程中，为激励教师的积极性，采取了"末位淘汰制"的"末位交流制"，将在考核中处于相对靠后位置的教师由原来的学校转换到农村校或相对薄弱学校，其实质是对这部分合格但不够"优秀"的教师的一种惩罚，这对校际均衡发展同样是有害而无利的。而滨湖的教师交流制度很显然与上述两种情况有本质的不同，它是政府主导下，为促进滨湖区义务教育均衡发展，有计划地均衡配置教育人力资源的一项意义深远的重要举措。只是实施伊始，无论是制度本身的意义还是具体实施的细节，都需要教师乃至校长加深理解，以共同实现制度目标。

在"到底哪些教师首先流动"这一颇为敏感的问题上，为避免给教师们带来负面情绪，某中学的校长谈道："实行教师流动主要基于两点考虑：一是个人的发展，要评职称就必须得有交流的经历，否则评不了职称；二是从行政角度来讲，也需要交流。只有交流以后，才能促进区域城乡教育的相对统一、相对均衡。这也是一定要把教师流动做下去，让教师'流'起来的原因。"教师交流制度意味着每年有适当的教师进行轮岗流动。流动的对象需要满足以下条件：一是教师本身有交流调动意愿的；二是教师在评职称或评审方面有要求；三是根据学校的工作需要而定，例如骨干教师去普通小学进行支教。这里的普通小学也叫分校（或称校区），统一由中心小学（或称总校）领导和管理。一个总校的分校区实行的是集团一体化的管理。这样就把整个教师队伍建设一盘棋式地抓起来，使得普通小学的教师有更多的机会到中心校来实习，感受中心校的学习氛围。

由于有先前"非正常流动"的影响，加之部分教师对流动政策目标的理解不到位，使得部分年长的、对一所学校贡献十余年甚至几十年的"被交流出去"的教师感觉自己就像是"被抛弃了的孩子"，内心充满酸楚。对此，滨湖区教育局认为，"促进教师流动，是解决教师资源配置不均衡的重要举措。由于不同学校在理念上、氛围上有很大的不同，教师交流推行起来可能会有些难度。但从大的方面讲，这能促使多样的教育思想和理念时时发生碰撞，教师通过这种相互学习获得提高，'交流'的教师往往还能沟通两所学校甚至多所学校"。当下最重要的是先把教师"交流"起来，下一步再利用评估手段使教师流动更科学、更人性化。滨湖区教师流动情况的资料显示，滨湖区 2010 年参加交流的教师共 333 名，其中义务教育阶段教师 318 名。在这 318 名流动教师中，其骨干构成、关系类型以及学科分布情况如图 2-1 所示。

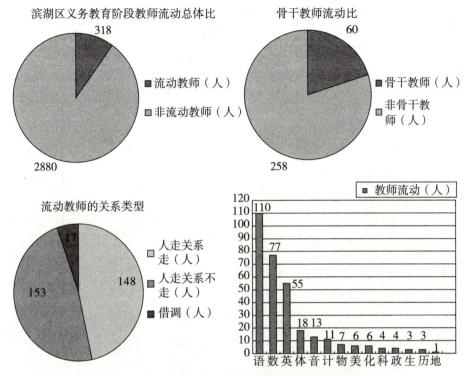

图2-1　2010年滨湖区义务教育阶段教师流动情况

从图2-1可知，滨湖区义务教育阶段教师交流数占该区教师总数的比例在10%左右，没达到指标规定的15%①。骨干教师流动率超过18%，已完成了规定的15%的指标。交流教师的组织关系中，人事关系不调动和人事关系调动的比例相当，还有少数属于教师借调。从交流教师的学科构成可以看出，主科交流占绝大多数，副科则多少不等，分配不太均衡，例如地理老师只交流了1名。值得肯定的是，这些数据比往年已经有了很大的进步。例如2009年全区中小学教师流动率仅为5%，骨干教师流动率仅为3.5%。这一进步，不仅仅得益于教育部门的推进工作有力、有据，更是由于几年下来，教师交流已经渐渐形成氛围，工作推行起来并不困难。从这一进步中，也应肯定教师交流制度的逐步完善对于优化师资配置、推进教育均衡发展是有价值、有意义的。到2011年，尽管一些学校没有达到"双十五"的硬性规定，但从整个滨湖区来看，已经实现了"双十五"的目标（见表2-1、表2-2和表2-3）。

---

① 《无锡市滨湖区教育局2011年教师交流工作设想》这一文件中明确规定流动比例为15%，其中骨干教师须占15%，简称"双十五"原则。

表 2-1　2011 年滨湖区小学教师交流情况

序号	学校名称	专任教师			骨干教师		
		实有数（人）	交流数（人次）	交流比例（%）	实有数（人）	交流数（人次）	交流比例（%）
1	无锡市胡埭中心小学	124	13	10.5	17	4	23.5
2	无锡市蠡园中心小学	86	8	9.3	9	2	22.2
3	无锡市河埒中心小学	128	14	10.9	17	2	11.8
4	无锡市滨湖中心小学	107	15	14.0	16	2	12.5
5	无锡市雪浪中心小学	143	19	13.3	24	3	12.5
6	无锡市华庄中心小学	125	14	11.2	25	6	24.0
7	无锡市江南实验小学	69	11	15.9	7	4	57.1
8	无锡市蠡湖中心小学	116	9	7.8	15	3	20.0
9	无锡市马山中心小学	49	6	12.2	5	1	20.0
10	无锡市育红小学	293	30	10.2	40	4	10.0
11	无锡市稻香实验小学	65	31	47.7	14	1	7.1
12	无锡市峰影小学	97	20	20.6	13	2	15.4
13	无锡市育英实验小学	80	16	20.0	25	1	4.0
14	无锡市华晶小学	55	55	100.0	0	0	0
15	无锡市东绛实验学校（小学部）	144	30	20.8	18	4	22.2
16	无锡市太湖实验小学	66	7	10.6	7	1	14.3
	合　计	1747	298	17.1	252	40	15.9

表 2-2　2011 年滨湖区初中教师交流情况

序号	学校名称	专任教师			骨干教师		
		实有数（人）	交流数（人次）	交流比例（%）	实有数（人）	交流数（人次）	交流比例（%）
1	无锡市梅梁中学	77	11	14.3	9	1	11.1
2	无锡市胡埭中学	96	9	9.4	4	0	0
3	无锡市东绛实验学校（中学部）	106	9	8.5	18	2	11.1
4	无锡市蠡园中学	107	17	15.9	19	6	31.6

序号	学校名称	专任教师			骨干教师		
		实有数（人）	交流数（人次）	交流比例（%）	实有数（人）	交流数（人次）	交流比例（%）
5	无锡市河埒中学	149	17	11.4	19	4	21.1
6	无锡市水秀中学	71	9	12.7	6	2	33.3
7	无锡市太湖格致中学	51	5	9.8	12	1	8.3
8	无锡市滨湖中学	83	8	9.6	15	1	6.7
9	无锡市雪浪中学	85	8	9.4	13	2	15.4
10	无锡市华庄中学	149	31	20.8	18	5	27.8
11	江南大学附属实验中学	71	7	9.9	14	2	14.3
12	无锡市南湖中学	16	3	18.8	3	0	0
	合　计	1061	134	12.6	150	26	17.3

表 2-3　2011 年滨湖区义务教育学校教师交流情况

序号	学校类别	专任教师			骨干教师		
		实有数（人）	交流数（人次）	交流比例（%）	实有数（人）	交流数（人次）	交流比例（%）
1	小　学	1747	298	17.1	252	40	15.9
2	初　中	1061	134	12.6	150	26	17.3
	合　计	2808	432	15.4	402	66	16.4

三、集思广益，适时调整

（一）难题所在

尽管总体上"双十五"的目标已经实现，但仍然存在一些问题。主要有以下几点。

首先，教师流动要形成一个怎样的规模？15%的指标规定并不少见，在沿海发达地区以及中部如武汉等经济较发达的城市，都沿用了15%的比例。这意味着，基本上六年下来，一所学校的教师就会全部换掉一轮。它究竟科不科学、适不适合当地实际，还有待求证。

其次，骨干教师要占到流动教师数的 15% 的规定，固然是考虑流动要达到实效就应该有优秀教师，但这样的规定会不会影响一所学校本身的发展？尤其是一所学校常常有一些特色学科，校长在自身学校的发展建设中是不舍得让真正优秀的教师流走的，因此实现 15% 骨干教师流动的真实性将受到质疑。此外，谁流动、谁不流动常常是教师们忧虑的问题，他们担心这将成为中层管理者及校长滥用权力、实施排挤的工具。

再次，教师从一所学校流动到另一所学校，关系、类型的不同决定了薪酬的多少。在教师绩效工资备受争议的时候，教师流动问题叠加在绩效工资上，使得情况更为复杂。教师流动属于教师的人事变动，如果流动教师的人事关系还留在原来学校，那么工资、待遇都依照原学校标准发放。这里就需要原学校对交流走的教师平时的工作绩效进行评定，无疑增加了复杂性；如果流动教师的人事关系也跟随交流到其他学校，那么他的工资、待遇就不一样了。滨湖在实行 5% 的交流比例时，这 5% 的性质是教师流动到别的单位，但是工资关系大多还留在原单位，也就是说工资还由原单位发放。现在滨湖区提高了教师流动的比例，从原来的 5% 上升至现在的15%，这 15% 的性质基本上就是人走关系也走。其中规定的交流时间最长是六年，轮完一次以后再流动又是六年。但凡出现教师现在拿到的工资比他交流前还要少的情况，会在一定程度上挫伤他们的积极性。因此，教师流动一旦普及，对于薪资问题就要有相应的保障措施，至少应当保证流动教师的工资不比流动前少，让教师们感到自己的利益是受到政策保障的，这需要决策层考虑。

最后，究竟各个学科要流动多少教师？现在很多地区在执行教师交流政策中完成指标不成问题，而其中结构的合理性有待提高。特别是在农村薄弱地区，教师的结构性短缺显著，流动过去的教师有时并不符合当地的实际需要，于是造成流动教师身兼数科、数职的现象。事实上，各学科的流动教师数应该根据当地学校的实际需要来决定，教育行政部门应对相关的学校教师需求进行考察，然后再划分好对口交流的学校，使得供需也能达到相对平衡。

教师流动制的推行，涉及教师、学校和学生多方的利益，能否真正实现在兼顾各利益相关者基本利益的前提下，达成义务教育高位均衡发展这一更高目标，挑战着决策者的智慧。对此，滨湖教育人中肯地反映了他们现实的忧虑，正如滨湖区教育局徐仲武主任所言：

两个15%是省市的要求。说实话，我们滨湖的教育已经相对均衡了。不是说学生平均分都一样了就是均衡。我们通过走班、选班以求达到一种均衡，之前提出的高位均衡则还需上升到一种走校的概念，而不是择校。比如我是育红的学生，正常的课我在育红上，但是我喜欢胡埭中心小学的书法和民乐，那我在特定时间去胡埭中心小学学书法和民乐，是走校的概念。通过走校，在区域内给学生提供多样的、可选择的教育。

而15%的交流比例规定，会给"走校"带来很多操作上的困难。例如，胡埭中心小学有位书法老师，交流到别的学校了，而交流进来的老师可能不会书法；蠡园中心小学教篆刻的老师交流出去了，同样交流进来的可能并不擅长篆刻。

所以，这两个15%到底如何处理，是接下来要研究的问题。想想六年一过，一所学校原有的老师经过几轮都不在原来的学校了，也是挺可怕的事情。我们不得不承认，这个政策对于负面效应的考虑确实欠缺了些。如果在教师层面产生一种短期效应，让他们感觉到今天做了还不知道明天在哪里，这必然对教师的积极性有着毁灭性的打击。校长交流，也容易有一种短期效应或者说以自己为本的情况出现。所以，我们也感觉针对义务教育阶段的这两个15%给原来设想的带来了不少难题。

（二）来自校方和教师的声音[①]

遵循滨湖教委 2010 年 6 月《关于进一步推进我区教师轮岗交流工作的意见（试行稿）》中提出的"科学合理，统筹兼顾，稳步推进，均衡发展"的原则，滨湖区的教师流动以 15% 的比例进行着。为更好地完善这一政策，滨湖区教育局召开了部分中小学校长和骨干教师两个层面的座谈会，大家进言献策，意见、建议主要集中在以下几个方面。

---

① 此部分内容是作者根据发表在《滨湖教育》2010 年第 3 期上的《为促进教育均衡，滨湖教师该如何流动？》一文整理而成的。

1. 教师流动需要全体教育人的理解

第一，要树立"我是滨湖教育人"的大局观。鼓励骨干教师流动旨在促进滨湖区基础教育均衡、优质发展，是推进素质教育的一项重要举措，此举有利于教育资源的优化配置，打破骨干教师学校所有制的体系；有利于满足家长和学生对名教师的渴求，让更多的学生接受优质教育；有利于各校间优势学科互补，充分发挥骨干教师的作用。全体滨湖教师要确立"我是滨湖教育人"的思想，服从区教育局的整体与大局，积极投入教师流动工作中。

第二，充分认识到教师流动的复杂性。教师流动是一把双刃剑。教师的合理流动有利于师资的合理配置，有利于教育公平的实现，有利于抑制"择校热"的现状，但教师的不合理流动，所起到的作用恰恰相反。所以，如何让教师放心流动，如何调动教师主动流动的积极性，是当前需要思考的首要内容，也是学校管理中遇到的新课题。

第三，教师流动需要教师个人主动适应。教师流动是当前为实现教育高位均衡发展的一项有力举措，势必激活一泓清泉，学校、教师都应充分理解和支持。但是，教师流动必然会带来一些新问题，学校文化底蕴、管理模式、工作思路、学校人际关系、上班交通等都需要教师花一段时间去重新适应，需要教师个人做好调整。

2. 最大限度地保障教师利益

第一，应使教师能岗相适。部分骨干教师在原学校担任一定的管理职能，到新学校后是否继续从事相应的管理工作？让担任中层及以上职务的骨干教师根据能岗相适的原则合理流动，并使其在新学校继续发挥良好的引领、指导等作用，而不削弱其"骨干"作用，是非常重要的。

第二，处理好教师流动与绩效工资等其他制度之间的关系，保障流动教师的合法权益不受损害。对绩效工资中 30% 奖励性绩效工资的考核是按年度进行的，而教师的工作和调动是按学期执行的。由于滨湖区内各学校之间 30% 奖励性绩效工资的考核分配方案差异较大，为排除因调动可能带来的利益受损，建议绩效考核或以学年度结算，或使区内各学校的绩效考核在项目、权重等方面做到相对统一。

第三，交流过程中要考虑教师的实际居住情况，方便教师上下班等。建议交流以"常驻地"为准，以"片区调动"为主，近几年可以先在片区内流动，再大范围地推广。

第四，因现在许多学校职称评审的空缺岗位比较紧缺，教师交流后进入一所新的学校，熟悉和适应需要一段时间，在进行职称评审的量化评分（特别是民主测评）这一块可能会受到影响。建议在职称评审时，参加交流的教师在同等条件下优先考虑，以提高其积极性。

3. 兼顾均衡发展与学校文化延续二者之间的平衡

首先，教师流动会给学校文化传承带来两方面的问题：一是从学校层面来说，每所学校都有自己独特的学校文化、办学优势，在实施教师流动过程中，如何继承和发扬学校原有的优秀文化传统，办好每所学校？二是从教师层面来说，不同学校出来的教师都带有不同学校文化的烙印，如何把原来学校的优秀文化带到新的学校？如何尽快适应并融入新的学校团队，在思想上、情感上、行为上实现不同学校文化的优势互补？建议在教师流动实施过程中，尽可能使学校领导班子的核心力量及与学校特色相关的核心教师相对稳定；加强师德教育，增强教师工作的责任心，使其在新的工作岗位上安心工作、积极工作。各校要创设宽松的氛围，加大对流动教师的人文关怀。

其次，教师队伍的培养是学校的中心工作之一，在实施教师交流的过程中，应考虑教师的交流是否有利于学校骨干教师队伍、青年教师队伍的培养，是否有利于学校的稳定和可持续发展。各校骨干教师的学科分布各不相同，在骨干教师流动时应兼顾好学校学科力量的平衡。

最后，对于流出学校，要考虑骨干教师的流动不影响其教育教学质量或者不致相应的中层管理岗位的缺失。流动要促进校与校之间的均衡，同时也要考虑校内学科组之间的平衡。交流应尽可能地减少给学校的日常工作和特色品牌建设带来困难，要有利于学校的发展和提升。

4. 教师流动的范围应更科学、更人性化

第一，骨干教师流动要考虑每所学校的实际情况，配置要达到高位均衡，尽量弥补学校的"短板"，建议区教育局做好前期的排查工作——各校的骨干教师是多少、学科分配是否合理等，然后根据各校的班级数、教师数确定每所学校的骨干基数，再列出"菜单"供教师选择。

第二，骨干教师应该得到清晰的界定，班主任骨干是否也应纳入骨干教师范畴？年龄偏大的骨干教师是否也要流动？是否可以在年龄方面做些

人性化的设定？希望在骨干教师交流时考虑到教师的性别和年龄问题，也要考虑教师的身体健康状况。建议女教师年满45周岁、男教师年满50周岁可以不必参与交流；年满40周岁的区、市新秀（只保留称号不享受津贴的）不列入骨干交流的范围。

5. 要形成明晰的操作体系

第一，教师交流制度有待细化。教师流动应通过制度来保障和落实，15%的骨干教师进行交流这一政策是否有延续性，应该通过制度确认、确定下来。区教育局应该对交流人员的产生、交流形式的界定等问题出台相应的操作细则。建议把教师从"单位人"变为"系统人"，实行"无校籍管理"，由教育行政部门统一管理、统一调配、统一待遇、统一权利和义务，实行"同工同酬"。

第二，要考虑交流学校间的对等性。要注意专任教师的学科、职称岗位的对等，中层管理岗位教师的任期，各校教师的学科结构和需求的不同，流出对象与流入对象不一致等问题。建议学校中层管理干部由各校根据实际情况提出流动意向，进行区域层面教师流动信息的互通、协调等。中心校与中心校间的交流，应考虑如下几个问题：一是人事关系，除正常调动外，建议人事关系及档案仍留存在原校；二是交流期限，建议为一年，在征得双方骨干教师认可的基础上，交流期限也可适当延长至2—3年，具体可由校与校之间协商确定；三是考核和津贴问题，奖励性绩效工资中，骨干教师的津贴不是固定金额，随各校骨干教师数量多少而变化。因此，建议对骨干教师的考核应由全区统一标准统一操作。中心校与分校的骨干教师交流视作15%的流动，以鼓励骨干教师到分校支教，保证分校与中心校师资力量的相对均衡。

第三，尽可能实现双向选择。建议参与交流的学校和骨干教师个人可以先双向提出交流意向，在可以实现双向选择的情况下尽可能进行双向选择。

第四，充分考虑骨干教师的流动。一是教师的成长也需要相对稳定的环境、适合的空气和土壤以及团队的力量，流动要最终能促进教师尤其是骨干教师的再发展。对骨干教师的考核，要增加其辐射作用方面的权重。二是各校应在每学年结束前根据交流要求列出本校骨干教师的数量、所在学科，并列出供需表，由教育局统一核定、协调安排，以确保互换的骨干教师基本对等。三是建议交流的骨干教师亮出自己的学科特长，各校列出各自的优势学科、特色项目或薄弱学科，可进行双向选择，骨干教师可以根据自己的教育教学特长来选择适合自己发挥骨干示范作用的学校，各校也可挑选骨干教师。双方各取所需，以拓展优质资源和促进教师成长。

（三）决策层对民意的回应

令人感动的是，面对流动中的问题，教育局决策层没有退缩，不是为了制度而制度，更不是把流动当成面子工程，无视民意，强制推行，而是充分听取了校长和教师的意见和建议，对2010年的政策进行了调整。2012年滨湖区教师交流的政策与2010年比起来，变得更加全面和完善，兼顾了学校、教师各方的利益，从表2-4的简要对比中可以发现变化突出表现在以下几个方面。

（1）兼顾了学校发展、教师成长和区域教育高位均衡发展等多方面，明确了优化教师流动机制，实现了全区教师队伍结构合理和骨干教师分布均衡。

（2）在轮岗形式方面，2010年的规定只是笼统地分为以"校"为主和以"区"为主两种形式，而2012年的政策将交流形式分为政策性交流、成长性交流、协作性交流、结构性交流、自主性交流和待聘性交流六种形式，是上述兼顾多方利益的具体体现。

（3）在交流比例和交流方式上，在遵循原有的"双十五"的基础上，明确提出交流可采取刚性与柔性相结合的方式进行，并对柔性交流和刚性交流做出了界定："柔性交流是指参与流动教师的编制、人事、工资关系保留在原学校，交流任务完成后，返回派出学校。刚性交流是指参与流动教师的编制、人事、工资关系相应转移到新校。"并针对"柔性"和"刚性"的不同情况，对流动教师的考核、绩效工资发放和组织生活等事项做出了明确规定。这一"刚柔相济"的政策无疑是对前两年政策实施中诸多问题的适时调整，有助于教师流动的有序推进。我们相信这不是为缓解矛盾而采取的权宜之计，必将在不断调整中更加科学、合理，实现预期的目标。

表2-4　2010年与2012年滨湖区教师流动方案简要比较

流动方案 / 事项	关于进一步推进我区教师轮岗交流工作的意见（2010年6月）	关于完善区义务教育学校教师轮岗交流工作的意见（2012年6月）
交流原则	开展教师轮岗交流工作要遵循"科学合理，统筹兼顾，稳步推进，均衡发展"的原则。将推进教师交流工作与"核岗、定员、明责"相结合、调整充实与素质提升相结合、立足当前与着眼长远相结合、个人自愿与行政指令相结合，促进教师队伍合理流动。	（1）有利于促进学校发展。确保学校特色品牌、优势学科、课题研究等工作持续稳步发展，全面提升学校办学水平。 （2）有利于促进教师成长。促进学校骨干教师培养和学科领军人才建设，促进区域教育高位均衡发展。实现全区教师队伍结构合理和骨干教师分布均衡。 （3）有利于促进机制优化。创新不同类别的干部、教师流动机制。鼓励教师在区内外、不同学段间多渠道、多形式进行横向跨学科、纵向跨学段的交流。 （4）有利于促进情态提升。着力解决教师队伍中"职业倦怠"和发展后劲不足等问题，最大限度地激发全体教师的工作热情和提升其教育教学能力。
轮岗交流形式	（1）以"校"为主的轮岗交流，由学校统筹安排本校专任教师轮岗交流。以此种形式进行轮岗交流的专任教师数不低于专任教师总数的10%，骨干教师轮岗交流数不低于骨干教师总数的15%。 主要形式：① 人事关系从一所学校转到另一所学校；② 中心校与普通小学、总校与分校之间轮岗任教必须不少于3年。	（1）政策性交流：① 凡申报中、高级教师职务的教师按规定进行的交流；② 凡晋升高一层级岗位的教师按规定进行的交流；③ 凡夫妻及直系亲属在同一学校（校区）任教（任职）的教师按规定进行的交流。 （2）成长性交流：① 为提升教师专业素养进行的交流；② 为提升教师管理能力进行的交流；③ 为丰富教学经历进行的跨学段纵向交流。

事　项	流动方案 关于进一步推进我区教师 轮岗交流工作的意见 （2010 年 6 月）	关于完善区义务教育学校教 师轮岗交流工作的意见 （2012 年 6 月）
轮岗交流形式	（2）以"区"为主的轮岗交流，由区教育局以挂职、轮岗、支教等形式统筹安排专任教师轮岗交流。以此种形式进行轮岗交流的专任教师数不低于专任教师总数的 5%。	（3）协作性交流：为加强学科建设、特色打造、品牌创建等促进学校发展而进行的教师交流。 （4）结构性交流：从超编学校向缺编学校、从富余学科向结构性缺编学科进行的交流。 （5）自主性交流：由教师自愿提出，经流入、流出学校双方同意后进行的交流。 （6）待聘性交流：学校在完成首次聘任后，未聘教师进行的交流。
交流比例及相关要求	专任教师轮岗交流比例不低于专任教师总数的 15%，区教学新秀（班主任新秀）及以上骨干教师交流比例不低于骨干教师总数的 15%。非义务教育阶段专任教师轮岗交流比例不低于专任教师总数的 5%。	（1）各校每年参与交流的专任教师比例不少于专任教师总数的 15%，参与交流的骨干教师比例不少于骨干教师总数的 15%。 （2）交流可采取刚性与柔性相结合的方式进行。柔性交流是指参与流动教师的编制、人事、工资关系保留在原学校，交流任务完成后，返回派出学校。刚性交流是指参与流动教师的编制、人事、工资关系相应转移到新校。 （3）待聘人员必须交流且为刚性交流。 （4）夫妻及直系亲属在同一学校（校区）任职（任教）进行的交流原则上为刚性交流。 （5）柔性交流教师交流时间不少于 1 年，交流期满后，经流入学校考核合格后方可返回原校任教。考核结果为"优秀"等次的，学校可给予适当奖励；考核结果为"不合格"等次的，按照相关规定处理。

流动方案　　　事项	关于进一步推进我区教师轮岗交流工作的意见（2010 年 6 月）	关于完善区义务教育学校教师轮岗交流工作的意见（2012 年 6 月）
交流比例及相关要求		（6）柔性交流教师流动期间参加流入学校的绩效考核，核算奖励性绩效工资，并将结果反馈给原单位，由流出学校发放奖励性绩效工资。轮岗教师党、团等组织关系转入流入学校，在流入学校参加组织生活。

从"身份"到"合约": 全员聘用制度

我们可以把所有的人都放到适合于他的岗位上去,
使每一个人的个人潜力得到最大化的发挥,
这就是我们全员聘任制的作用。

蠡园中学的邱华国校长在他作为一名普通语文教师时曾有一段鲜为人知的心路历程:

说老实话,我在给学生上语文课的时候,经常感觉不到教学的乐趣。最极端的是在 1996 年到 1997 年那一阵子,一踏进教室就感觉是一种痛苦。我清晰地记得,拿着语文书,走进课堂,那真是太头疼了。这节课谁要说他想来上,我肯定把这节课让给他。

为什么会没有乐趣呢? 因为基本就是为了准备考试,那考试可不是玩的,是要跟人家去拼的,所以要默字词啊、默拼音啊、做习题啊,大量重复地做这些事情,而我感觉,在这些事情上学生和老师肯定是都得不到快乐的,于是就想到一定要改,不改不行,但是怎么改,当时我自己也不清楚。

想来,在教育实践中,与邱华国有类似"不快乐"感受的老师不会是少数。对此,有的老师会选择慢慢适应接受,因为"大家不都是这样嘛";有的老师会不甘,因为他们拒绝平庸;有的老师会麻木,因为他们习惯于认命。

邱华国不甘。

1998 年的暑假，决心要有所改变的邱华国来到图书馆，借出历年的《语文教学》《中学语文参考》以及《语文报》，全部浏览了一遍。他解释说，这是他很早便养成的看书和学习的习惯：一口气全部看完，然后全部"扔掉"，琢磨出自己的一套东西来——由博返约，由约返博。经历了一个暑假由博返约和由约返博的过程，邱华国对培养学生的语文能力和素养有了自己的看法，在当时的区语文教研员的指导以及校长的支持下，一套名为"开放式语文"的教学改革设想出炉了。他大刀阔斧，将初中六册语文教科书全部打乱，按照自己设定的两条主线——现实生活和知识体系——重构了三年的教学安排。在他看来，光靠考试和做题肯定是培养不出学生的语文素养的，根据自身的朴素经验以及先进教育理论的指导，他主张采用相对开放式的教学内容以及评价手段，鼓励学生多读读书、琢磨琢磨文章，这样才能让学生对语文产生"感觉"。

在"开放式语文"教改实验的探索期间，邱华国颇为"无理"地向校长提出：除了初三模拟考试和最后的中考，不参加任何考试；如果期中期末必须考试的话，试卷由他自己出、自己批。开明的邱菊琪校长基于对邱华国的信任，同意了他的要求。在前两年，邱华国确确实实做到了坚决不让学生做 ABC 卷以及参考书中的各种练习。一直到初三的下学期，他才决定挑选二三十篇文章，根据他自己对中考的理解，编写题目，让学生"练兵"。2001 年夏天，这群孩子参加了中考，分数相当喜人，特别是在阅读和写作方面，比以往反复训练做题的效果要好很多。邱华国自豪地向我们介绍说："至少到现在，没有哪个班级语文成绩能够超越我那个班级。"①

在邱华国成功的语文教改背后，有几个相互关联的问题值得我们追问：如果当初的邱菊琪校长不同意邱华国的"无理"要求，不允许他的创造性探索，邱华国的"开放式语文"教改实验能成功吗？没有开展语文教学改革的机会，邱华国这位普通得再不能普通的教师还能成长为"中国'长三角'最具魅力校长"吗？"痛苦"的邱华国不是一个特例，是什么化"痛苦"为"快乐"，使有个性、有能力的教师脱颖而出？换言之，优秀教师达成"优秀"的必要条件是什么？

康永久的研究在一定意义上很好地回答了上述问题：

---

① 丛立新，黄华．三问分数［M］．北京：教育科学出版社，2010：12.

教师队伍的建设也明显受制于教育制度。我国当前教师队伍建设局面的改观本身，大部分应归结为改革开放为我们加强教师队伍建设开了绿灯。想想我们以前教师队伍的状况——数量少、质量低、队伍不稳定、分布不平衡，再比较一下改革开放这二十几年来的变化，就可以发现教育制度在其中所起的作用。长期以来，教师之所以成为单方面消耗自己的燃烧的蜡烛、吐丝的春蚕，那是因为我们的教育制度容不下作为独立个体的教师、强调个人利益的教师和有个性的教师。即使在今天，想通过进一步加强教师队伍建设来提高教师整体素质的余地也是不多的。只要一想到多少有才华的教师在做着机械呆板的重复劳动，我们不禁又要为教师队伍的前途担心。我们一方面在对教师素质提出更高的要求，一方面又不能为新一代教师的成长提供宽松的制度条件，使之能够从事有创意的教育教学工作。他们的才华没有用武之地，还能自我生长吗？当他们迫于无奈而寄人篱下的时候，还能兢兢业业地"为教育事业奉献自己的青春"吗？都不能。因此，我们在提倡奉献精神的时候，需要更多地从教育制度而不是个人品德方面加以考虑。必须有一种激励奉献的可靠机制，否则教师奉献精神的增长就是不可持续的，而且，这种奉献将成为对教师素质的单方面的消耗，这是极其危险的。[①]

"激励奉献的可靠机制"又是一种什么机制呢？换言之，什么样的机制能够激励教师主动奉献？毫无疑问，全员聘用在一定意义上就是这样一种机制。

1997年，时任校长的邱菊琪在蠡园中学进行了以全员聘任制和结构工资制为核心内容的"学校内部管理体制改革"（简称"内管改"）的探索，其目的就是要打破校内教师、岗位之间固定不变的关系，代之以两级聘任、双向选择，建立一个"学校内部人才市场"，变"要我干"为"我要干"，进而实现校内人力资源的合理配置。蠡园中学的改革拉开了无锡市滨湖区教师人事制度改革的序幕。

2001年6月，滨湖区教育局出台了《关于深化和完善全区学校内部管理体制改革的意见（试行稿）》。同年9月，滨湖区教育局与人事劳动和社

---

① 康永久. 教育制度的生成与变革：新制度教育学论纲［M］. 北京：教育科学出版社，2003：152-153.

会保障局联合出台了《关于全区学校全面实行校内结构工资制的意见》，指出："为了推进学校内部管理体制改革，进一步调动全体教职工的工作积极性，经研究决定从 2001 年 9 月起，在滨湖区学校全面实行校内结构工资制。" 2003 年 6 月，滨湖区教育局为完善教师队伍管理体制，优化学校机构设置和人员结构，根据上述两个文件，又就全员聘任工作出台了具体的操作意见，即《2003 年学校教职工全员聘任工作的操作意见》，使教师聘任工作进一步规范化、制度化。2005 年 6 月，滨湖区人事劳动和社会保障局与教育局联合出台了《无锡市滨湖区教育系统教职工聘用合同制实施办法》，相对完善的教职工全员聘任制度得以真正确立。

通过推行教职工全员聘任制度，滨湖区教育系统的人事管理已实现了由身份管理向岗位管理转变，由单纯行政管理向法制管理转变，由行政依附关系向平等人事主体转变，由国家用人向单位用人转变。人员能进能出，职务能上能下，待遇能升能降，优秀人才能够脱颖而出，充满生机与活力的用人机制已然形成。近 10 年来，滨湖教育的跨越式发展，得益于教师队伍的制度化、科学化管理，更与全员聘任制度的全面实行密不可分。

第一节　序曲：死马要当活马医

滨湖全员聘任的序幕为何源自蠡园中学？这与彼时蠡园中学的状况和校长邱菊琪的"疑问"密不可分。

1996 年的蠡园中学，正在历史的低谷徘徊，艰难挣扎，中考成绩在无锡市公办初中当中排倒数第 3 名。连续几年中考的重创使得蠡园中学的声誉急剧下降，此时的蠡园中学正经历着现实的"雪雨风霜"。1997 年春节前，邱菊琪接任蠡园中学校长。他一直有个疑问：

为什么一个人在不同的单位发挥的作用不同？典型的例子就是在国有企业和外资企业，可以肯定这不是人的问题。我们虽然提倡要无私奉献，但那只是一种"提倡"，"提倡"恰恰说明这不可能人人做到。如果能够从体制上改变，那么这个状态就会不一样，变成积极工作，不再是"提倡"的问题，而是你"必须"积极工作。这样的转变要靠制度来调节。改革是要冒风险的，但当初之所以去冒这个风险，是因为死马要当活马医！

　　"死马要当活马医"，这句话可谓掷地有声。谁也不能否认，20世纪90年代初期，随着改革开放的不断推进，传统的计划经济体制下"大锅饭"、"平均主义"思想在教育领域的负面影响日益显现。在教师管理方面，教师的主体性、独立性丧失，教师很难成为学校的"主人"。由于学校的教师是上级分配来的，学校无权开除教师，教师也不能调动工作，教师只要到了一所学校，就很少有别的选择余地，不管收入满不满意、工作岗位合不合适，也只能在这所学校干一辈子。教师的生老病死，都要依赖于学校、教育行政部门、国家，教师实际上失去了人的独立性。而教师没有了独立性，没有了主体性，就不能讲条件，不能提奖金，在国家与集体的大名义下，一切都要无条件服从，给你多少是多少，叫你怎么干就得怎么干，人人言听计从、按部就班！人为地取消了那种可以自主选择的教育、公平竞争的机会，以及公开、透明的市场运作机制，对教师的人格独立、学校教育的发展无疑起着消极作用。除了名义上的平等之外，教师只能被动地执行上级部门"输入"的"指令性程序"。这样一来，教师的积极性、主动性和创造性无疑受到了极大的压抑，这种管理模式与教育自身的创造性、灵活性是背道而驰的。这些充满活力的"千里马"也只能困于圈舍之中，徒耗其志，形同"死马"。

　　如何还"千里马"之本来面目？邱菊琪校长抓住了人之为人的本质——自由、创造与解放，使教师真正成为自己的主人，成为学校的主人！

　　随着"内管改"推进的力度逐年加大，1998年在蠡园中学的教师中出现了"试聘"和"不聘"的对象，1999年实行了"高职低聘"和"低职高聘"，2000年起又实行了"两级聘任"……邱菊琪倡导的"内管改"制度凸显了蠡园中学教育和管理的内涵，关注了教师的内心需要。他今日回想起当时的改革，依然历历在目，侃侃而谈：

　　这项聘任制改革，当时（1997年）最初在蠡园中学推行的时候，是受到排斥的。很好理解，一项新的制度在一个单位最初推广时，不论它本身好与坏，由于人们固有的习惯，它总会受到排斥。典型的就是，原来的数学老师变成了门卫。那时候下定决心，如果通不过，就申请试行，至于结果如何再议。

这项制度的核心就是全员聘任，把学校的各项工作变为各个岗位。原来当校长最麻烦的是暑假，要把课程、教务等都安排好。就好比下棋，事先摆好阵、布好局，但实施起来，总会有很多不同意见。不可能每个人的想法都与校长一样。暑假排课的困难反映出的问题就是，老师们把这些课看作是"校长要我做什么"。而后来实施这个全员聘任制度，把所有职位公开，给教师自己选择的余地，这样问题就变成了"我要做什么"。虽然课还是那些课，老师还是那些老师，但形式一变，效果就不一样了。

以蠡园中学的成功经验为基础，通过"自下而上"和"自上而下"的循环反复讨论，滨湖区于 2001 年 6 月出台了《关于深化和完善全区学校内部管理体制改革的意见（试行稿）》，在全区范围内试行以教师的全员聘任为核心内容的学校内部管理体制改革，以形成科学合理的教师管理体制和运行机制，主要包括以下几方面内容。

一、定编设岗

本着从紧、从严的原则，参照《关于印发〈江苏省中等师范学校、全日制中小学机构编制管理暂行规定〉的通知》，根据各类学校事业规模及班额情况核定人员编制。同时，本着精干、高效的原则，调整优化学校机构设置和人员结构。校长和中层干部职数控制在职员编制内，且不同学校的机构设置和领导职数有所不同。要求各乡镇和学校强化编制意识，不得超编用人，杜绝擅自外借人员，及时处理擅自离职人员，加强代课教师管理，严格控制新聘代课教师，坚决清退超编使用的代课教师、临时工。代课教师一年一聘，一旦有正式教师补充，必须及时辞退。

1. 中学

学校规模 12 个班以下（含 12 个班）的配备校级领导 2 人；13—23 个班的配备校级领导 2—3 人；24—29 个班的配备校级领导 3—4 人；30 个班以上的配备校级领导 4—5 人。一般学校内设 2 个机构，即教导处（含政治思想教育、教育教学研究、现代教育技术）和总务处；省重点高中和 24 个班以上的学校可增设政教处、办公室等 1—2 个机构。每个职能机构配备负责人平均不超过 2 人。

2. 职业中学（中专）

学校规模 12 个班以下（含 12 个班）的配备校级领导 2—3 人；13—23 个班的配备校级领导 3—4 人；24 个班以上的配备校级领导 4 人。一般学校内设 3 个机构，即办公室、教导处（含政治思想教育、教育教学研究、现代教育技术）和总务处；省重点职业高中和 18 个班以上的学校可根据需要增设实习训练处等 1—2 个机构。每个职能机构配备负责人平均不超过 2 人。

3. 小学

学校规模 12 个班以下（含 12 个班）的配备校级领导 1 人；13—23 个班的配备校级领导 2—3 人；24 个班以上的配备校级领导 3 人；100 个班以上的中心小学增配副校长 1 人；教学点可指定 1 名教师，负责其教学点的工作。完全小学内设职能机构一般为 2 个，即教导处（含政治思想教育、教育教学研究、现代教育技术）和总务处。一般每个职能机构配备 1 名负责人，规模较大的学校可增加 1 人。12 个班以下的学校可不设内部职能机构，可配备教导主任和总务主任各 1 人。

二、聘任的基本原则与程序

1. 聘任的原则

聘任工作坚持"公开、平等、竞争、择优"的原则，按照确定的单位职能、机构、编制的人员管理权限进行。具体体现在以下四个方面：（1）以定编、定岗、定责激励竞争、优化组合，充分发挥教职工的积极性，以提高教育质量为目标，实行教职工全员聘任；（2）学校校长（教育单位负责人）根据学校岗位对全校教职工聘任，学校规模大的，可实行二级聘任，聘任手续仍由学校办理；（3）充分发挥学校党组织和教代会（工会）的监督保证作用，重大问题应提交党支部研究决定并事先征求工会意见；（4）校长在聘任工作中应主持公道、任人唯贤，实行回避制度；（5）聘任工作要打破教师、工人的身份界限（保留本人原有档案身份和工资）。各校聘任的教职工总数应控制在核定的编制内。教师的聘任原则上每学年一次，6 月中下旬开始，8 月初结束。聘期定为当年 8 月 1 日至次年 7 月 31 日。

2. 聘任的范围与对象

（1）聘任的范围包括学校内设机构、教师、教学辅助、工勤各个岗位。

（2）聘任的对象是本校在职在编的全体教职工，缺编单位经教育局同意也可从其他学校待岗人员中聘任。

（3）对新分配参加工作的大中专生试用期内不实行聘任，由单位委托滨湖区人才服务中心教育分中心实行人事管理，新教师试用期满经考核合格后方可正式聘任。

（4）长病假人员试复工期内实行校内试聘，待试复工期满经学校考核能坚持正常工作后方可正式聘任。

（5）其他有关人员要求上岗工作，先实行试聘或待聘，根据实际考核情况及本校岗位需求情况方可决定是否聘任。

3. 聘任工作的基本程序

（1）校长根据本校实际，拟订实施全员聘任制的方案，提请学校党支部研究决定，提交教代会审议通过。

（2）校长向全体教职工公布学校设置的工作岗位、所需人数和任职条件，供教职工选择。

（3）教职工根据自己的能力和意愿，提出应聘申请。

（4）校长或校长聘任的部门负责人对照岗位职责要求对应聘者进行初选。

（5）学校根据工作需要和应聘者的德、才、绩、能，参考本人意愿，确定全员聘任的方案，向全体教职工公布。

（6）校长与受聘者签订聘任合同。

（7）聘任合同于每学年开学后一个月内到人事科鉴定并备案。

三、聘任合同的变更、终止和解除

（1）在聘任期内的教职工，因工作需要，校长可按聘任程序调整其工作岗位和工作任务。

（2）聘任合同期满，聘任即终止执行。在双方同意的条件下可以续订聘任合同。

（3）受聘人员因伤病原因，连续六个月以上不能坚持正常工作的（女职工按规定享受产假的时间不计在内），聘任合同自然中止。

（4）受聘人员有下列情况，学校可以在聘任期内解除聘任合同：不能履行合同，经教育帮助仍不改正的；无故旷工时间达十五天的；严重失职，发生重大责任事故，造成严重后果的；严重违背师德规范，在师生中造成很坏影响，或对领导无理取闹，严重影响学校正常教学秩序的；犯有其他严重错误，不适应学校教育工作的。

（5）受聘人员有下列情况之一者，允许本人辞聘：经有关部门裁定，学校在合同期内违反合同条款，本人要求解除聘任合同者；经批准出国留学、进修或定居者；经组织同意调动者；在聘期间本人面临不可克服的特殊困难，确实无法继续履行合同者。

（6）学校或受聘人员提出解除聘任合同，均须提前一个月书面通知对方。

（7）任何一方违反上述有关规定擅自解除合同而给对方造成损失的，均应负责赔偿，直至追究责任。

四、有关低聘、高聘、未聘和拒聘情况的规定

1. 关于低聘和高聘

在实行工资总额承包的学校，学校可以根据岗位设置情况自行聘任，决定聘期，允许对低职称教师实行高聘或对高职称教师实行低聘，并根据所聘职务发放职务工资和津贴工资（包括岗位津贴），学校为其保留档案工资。实行教师职务高聘不得超过核定该职级总数的10%，不得因高聘造成教师工资总额不足。

2. 对未聘人员的处理办法

对因学校编制限制或不适应教育教学工作在学年初未被聘任的教职工即视作未聘。对未聘教职工要多渠道安置，具体分流办法如下。

（1）校内试聘。试聘期间人员的职务工资（等级工资，即工资的70%部分，下同）和政策性补贴照发；津贴工资（即基本工资的30%部分，下同）根据考核结果发放；奖金、待遇的发放由学校研究决定。

（2）校内待聘（待岗培训）。学校对待聘人员一般应安排临时性工作。待聘人员由学校负责管理，以进修业务为主。可自行联系拜师对象或单位，也可参加教师进修学校组织的培训。培训期间，培训费自理。待聘人员要积极提高教学水平，并主动联系新的工作岗位，争取早日受聘上岗。凡服

从安排者，其职务（等级）工资和政策性补贴照发，津贴工资根据考核结果发放，奖金不发。不服从安排者，按拒聘处理。

（3）校内转聘（转岗）。本人接受转岗安排，经试用合格，方可在此岗位上正式聘任，享受该岗位的工资、待遇。

（4）系统内调整。各校于每学年结束将待聘人员名单（限男55周岁、女50周岁以下者）报滨湖区人才服务中心教育分中心。滨湖区人才服务中心教育分中心在系统内组织双向选择，帮助待聘人员落实调入或借用单位。待聘人员参加双向选择未被聘用，仍由学校负责管理（可安排临时性工作），具体为：前三个月待聘人员职务（等级）工资和政策性补贴照发；第四个月起发放职务（等级）工资的50%和政策性补贴；第七个月起只发政策性补贴；满一年停薪。一年后仍未聘用可自行联系单位托管人事关系或按有关规定辞退。

（5）内部退养。男55周岁、女50周岁以上，因健康等原因不能坚持正常工作者，经本人申请，学校和镇教委同意，教育局批准，可以安排内部退养。内退人员的待遇按市有关规定执行。

（6）病退。因健康原因经本人申请，学校和区教育局同意、市病退鉴定委员会审批办理病退手续。

（7）辞退。参照市教委《关于转发〈无锡市事业单位辞退专业技术人员和管理人员暂行规定〉的通知》执行。学校辞退教职工应报教育局批准后，方可执行。

3. 对拒聘人员的处理办法

（1）教师确有特殊原因和正当理由者，可以拒聘。但服务期未满的大中专毕业生和拒聘后将直接影响学校正常工作的教职工，不得提出拒聘要求。

（2）教师拒聘后向学校提交书面报告，经学校认可后，可自行向人事科提出申请，人事关系可进入区人才服务中心教育分中心，也可进入市、区人才服务中心。

（3）拒聘时间一般不超过三个月。拒聘期间学校只发给职务（等级）工资和政策性补贴，三个月后停发工资，第四个月起允许在市人才中心自谋职业，第七个月起视作自动离职。

五、对聘任争议的调解和仲裁

学校在聘任过程中出现的争议由学校党组织会同工会进行调解。学校无法调解的重大争议可请上级有关部门仲裁。

1997年至2003年，短短6年的时间，蠡园中学以建立"校内人才市场"为依托，实行内部管理改革，基本解决了教师评价中"干多干少一个样"的问题。在校长邱菊琪的带领下，原来举步维艰的蠡园中学从全市中考的倒数第3名提升到了第12名。2003年，蠡园中学更是自豪地站在全市中考第7名的位置。邱菊琪创造了闻名的"蠡园现象"。

第二节　主旋律：从"要我做"到"我要做"

蠡园中学的改革及其成效犹如一股清风，在"死水一潭"的人事管理上激起了层层涟漪；亦如一股源头活水，给滨湖的教育注入了新的活力。无独有偶，蠡园中学改革后的第三年，即2000年8月，中共中央组织部、国家人事部联合发出《关于加快推进事业单位人事制度改革的意见》，明确建立以聘用制为基础的用人制度，指出：

> 全面推行聘用制度。破除干部身份终身制，引入竞争机制，在事业单位全面建立和推行聘用制度，把聘用制度作为事业单位一项基本的用人制度。所有事业单位与职工都要按照国家有关法律、法规，在平等自愿、协商一致的基础上，通过签订聘用合同，确定单位和个人的人事关系，明确单位与个人的义务和权利。通过建立和推行聘用制度，实现用人上的公开、公平、公正，促进单位自主用人，保障职工自主择业，维护单位和职工双方的合法权益。通过聘用制度转换事业单位的用人机制，实现事业单位人事管理由身份管理向岗位管理转变，由单纯行政管理向法制管理转变，由行政依附关系向平等人事主体转变，由国家用人向单位用人转变。
>
> 建立解聘辞聘制度。事业单位可以按照聘用合同解聘职工，职工也可以按照聘用合同辞聘。通过建立解聘辞聘制度，疏通事业单位人员出口渠

道，增加用人制度的灵活性，解决人员能进能出的问题。加强聘后管理。通过建立和完善聘后管理，保证聘用制度的实际效果，调动各类人员的积极性。重点是完善考核制度，研究修改《事业单位工作人员考核暂行规定》，把考核结果作为续聘、解聘、增资、晋级、奖惩等的依据。

有了国家关于事业单位人事制度改革的意见这一"尚方宝剑"，滨湖区以蠡园中学的成功经验为基础，大胆实践，通过"自下而上"和"自上而下"的反复讨论，于 2001 年 6 月出台了《关于深化和完善全区学校内部管理体制改革的意见（试行稿）》，继续推进学校内部管理体制改革，进一步调动全体教职工的工作积极性，解决"干多干少一个样、干好干坏一个样"等问题。同年 9 月，滨湖区教育局与人事劳动和社会保障局又联合出台了《关于全区学校全面实行校内结构工资制的意见》，决定从 2001 年 9 月起，在滨湖区学校全面实行校内结构工资制。

上述全员聘任制度和结构工资制度的实施，让全体教师切身感受到干多干少是不一样的，同样，干好干坏也是有差别的。制度不是儿戏，它一经实施，就意味着要按照规范去做。而且，制度面前人人平等。时任东绛实验学校校长的朱龙祥认为："全员聘任，不是使得他（她）下岗没饭吃，而是通过培训使他（她）更能胜任这一项工作。聘用实际是改变了人员的隶属关系，不再是国家的人，就从身份管理转向了岗位管理了。也就是说，现在单位的人没有那种我是国家干部你就动不得我的提法。我们原先实施聘用制，因为用人的大框架没变化，没办法，只能说聘任到哪个岗位就是哪个。现在是你称职了才会用你，用你到哪个岗位你才会享受哪个岗位的待遇。我们在聘用过程中坚持的一个原则是'不聘是为了更好地聘'。当时，我们也这么说，'你今天不努力工作明天就要努力找工作'，为了帮助你很好地工作，不聘你是为了你以后能够更好地聘。当时我们光聘任就采取了很多方式——试聘啊，转聘啊等。"

面对不适应的部分中层干部，负责推行的校长是如何对待的？让我们听听邱菊琪校长是怎么说的：

全员聘任制，刚推行的时候中层干部弄不清楚怎么做，基本上是我说怎么做他们就怎么做了。开始的时候，一部分人很不适应，以前当中层干部的同志就会想：啊，怎么校长谈都不跟我谈，也不商量。有的人当下一冲动就不做了、不当了。但是在我这里，按照程序进行下来，确实轮不到他当这个主任。所以我就找他谈话，跟他表明我想提主动申请竞聘、能力各方面都符合的某人当主任，并给他讲清楚是什么原因轮不到他，告诉他"准备安排你做副主任"。结果，这位干部说："副主任我不做的！"那行，那就别做了。原来的干部非常不喜欢这样，他们根深蒂固的想法是："怎么会这样，起码校长要跟我谈谈！"我不知道他们的这些情绪，他们专门来找我谈，我也没关系，反正我不会发脾气的。到后来，也就是半年过后，他们就明白了，哪怕缺岗，你不同意，我就不叫你做了。因为这"不是我要你做，是你自己要做"。中层也是这样，"是我要做，不是要我做"。至于缺岗的，半年以后，到寒假里，还要竞聘；到暑假，再竞聘，再补聘。

从校长要老师做、求老师做，到老师自己主动去做，这一现实转变的背后有赖于教师观念的变革，有赖于教师积极主动性的充分发挥。离开了教师的积极主动性和创造性，改革不可能成功，教育也不可能得到长足的发展。

滨湖内部管理体制改革和结构工资制实施一年后，2002年7月，国务院办公厅转发了人事部《关于在事业单位试行人员聘用制度意见的通知》，对聘用制度的基本原则和实施范围、全面推行公开招聘制度的基本要求、人员聘用的程序、聘用合同的内容、考核制度、解聘辞聘制度、人事争议的处理工作、未聘人员安置工作以及对人员聘用工作的组织领导等九项内容做了详细规定。其后，2003年9月，人事部和教育部又专门针对中小学的特殊性，联合出台了《关于深化中小学人事制度改革的实施意见》，指出："深化中小学人事制度改革的总体目标是：以实行聘用（聘任）制和岗位管理为重点，以合理配置人才资源，优化中小学教职工结构，全面提高教育质量和管理水平为核心，加快用人制度和分配制度改革，建立符合中小学特点的人事管理运行机制，建设一支高素质专业化的中小学教师队伍和管理人员队伍。主要任务是：加强编制管理，调整优化中小学教职工队伍结构；进一步完善校长负责制，改进和完善校长选拔任用制度；实行教职工聘用（聘任）制；完善中小学教职工工资保障机制，建立健全分配激励机制；促进人才合理流动。"可见，滨湖的改革与国家层面的改革保持高度的一致，这充分表明滨湖人的改革勇气和前瞻性。

"全员聘任制"的竞聘上岗，就是每学年（或学期）学校把所有工作岗位（包括教学、管理、后勤等）全部公开，告知全体教职工，让全体教职工在同样的起跑线上公平竞争上岗，让教职工能根据自己的实际情况选择最适合自己的工作。不同的职位可以进行随意的搭配，只要在合理工作范围并符合一定职位数，就可以向主管部门递交竞聘申请书，然后经由主管部门、年级组长、学科组长共同确定其是否能够聘任，借此激发一种"人人想做"、"人人要做"，所有老师依着共同愿景和发展目标而自然萌生的共同行动自觉，这无疑极大地调动了全体教职工的积极性。经过 2 年的试行，滨湖区教育局于 2003 年 6 月下发了《2003 年学校教职工全员聘任工作的操作意见》，将其作为深入进行学校人事制度改革，直击学校全员聘任制工作的核心问题。其后，滨湖区教育局每年会根据具体情况对该年度教职工全员聘任工作做出具体规定，在某些方面会有一些调整，如 2008 年的操作意见与 2003 年的就有些不同。2005 年 6 月，为进一步深化滨湖区教育人事制度改革，"促进教育的改革和发展，提高学校的管理水平、教育质量和办学效益，建立符合中小学特点的人事管理运行机制，激发中小学教师队伍的活力，优化队伍结构和素质，建设一支高素质、专业化的教师队伍，实现事业单位人事管理由身份管理向岗位管理，由传统的行政任用关系向平等协商的聘用关系转变，保障教职工和用人单位的合法权益"，滨湖区人事劳动和社会保障局与教育局联合出台了《无锡市滨湖区教育系统教职工聘用合同制实施办法》（简称《聘用合同制实施办法》），对聘用合同制的含义、范围和对象，聘用的原则与程序，聘用合同的签订、变更与解除，违反和解除聘用合同的经济补偿，聘用合同的管理与争议处理，待岗教职工的分流以及其他事项做了详细的规定，使滨湖教职工的聘用工作真正做到了有"法"可依、有"章"可循，且比此前"内管改"中有关教师聘任的规定更加完善。

一、聘用原则

《聘用合同制实施办法》开宗明义指出："为进一步加强和完善区教育局教职工聘用合同管理，保护教职工和聘用单位的合法权益"，根据有关规定，结合区教育局的实际情况，制定本实施办法。可见，随着教师聘任制的实施，领导层已经关注到了教师的权益，已超越了单纯追求学校单方面管理的便利和效益视野，同时着眼于教职工合法权益的保护。明确了聘用合同制的性质，即聘用合同制是指事业单位与教职工通过签订聘用合同，确定单位与个人的聘用关系，明确双方责任、权利和义务的一种人事管理制度。"责权义统一"的规定突破了原有的单纯义务性规定的倾向，体现了对教职工保护的目的。具体聘用应坚持的原则主要有以下四个方面。

（1）法定代表人负责的原则。法定代表人全面负责教职工的聘用工作，制定聘用方案并具体组织实施。

（2）按编聘用的原则。单位根据核定的编制数额、教师职务结构比例并结合本校工作任务设置工作岗位。依据工作岗位资格条件在本校现有教职工中聘用，若需从应届毕业生或其他单位选聘教职工的，须经区教育局批准。

（3）公开平等的原则。单位要将聘用工作的各个环节向教职工公开。聘用双方在平等自愿、协商一致的基础上签订聘用合同书。坚持走群众路线，保证教职工的参与权、知情权和监督权。

（4）竞争择优的原则。各单位要从工作实际出发，全面考察受聘人的政治思想、道德修养、业务水平、工作能力和健康状况，坚持择优聘用。

二、聘用合同的内容

聘用合同采用正本加附件的形式。正本为聘用合同书，确定聘用单位和受聘人员的人事关系；附件为岗位聘任书，确定受聘人员的具体工作岗位。聘用合同书由聘用单位的法定代表人或者其委托人与受聘人员以书面形式订立。岗位聘任书由聘用单位的法定代表人或者其委托聘用岗位所在部门的负责人与受聘人员以书面形式订立。

（1）单位与被聘人员签订聘用合同，双方确立聘用关系，聘用合同一经签订，即具有法律约束力。

（2）凡签订聘用合同者，即为该单位聘用合同制教职工，在此基础上按全员聘任制的有关规定签订岗位聘任书。

（3）聘用合同书必须具备下列条款：①聘用合同期限；②工作纪律；

③工作条件；④工作报酬和福利待遇；⑤聘用合同变更和终止的条件；⑥违反聘用合同的责任。

（4）聘用合同期限：聘用合同分为短期、中长期和以完成一定工作任务为期限的合同。聘用合同的期限应根据合同双方的意愿，由聘用单位和受聘人协商确定。合同期限最长不得超过应聘人员达到国家规定的退休年龄的期限。聘用原合同制职工，签订聘用合同的期限不应短于原合同的期限。单位接收安置的军转干部、复员军人按国家规定执行。

（5）有下列情形之一，本人提出订立至退休的聘用合同的，聘用单位应当与其订立聘用至该人员退休的合同：①在本单位及国有单位工作的工龄已满25年的；②在本单位连续工作已满10年且距国家规定的退休年龄已不足10年的。

（6）聘用单位聘用应届大中专毕业生以外的新进人员，可以规定试用期，试用期限最长不超过6个月。被聘人员为应届大中专毕业生的，见习期为12个月。试用期（见习期）包括在聘用合同期内。

（7）单位的法定代表人、直属单位党组织负责人、领导班子其他成员由区教育局聘用并签订聘用合同；其他单位党组织负责人由区教育局签订聘用合同。

（8）聘用合同应当自签订之日起30日内到区劳动人事和社会保障局鉴证后生效，生效后不因聘用单位法定代表人或法定代表人的委托人变更而终止或解除。

（9）下列聘用合同无效：①违反国家法律、法规的；②采用欺诈、胁迫等手段订立的；③内容显失公平的；④代他人签订聘用合同未经本人授权或事后认可的。

聘用合同的无效，由人事争议仲裁机构或人民法院确认。无效的聘用合同，自订立之日起，就没有法律效力。部分无效的，若不影响其他部分的效力，其他部分仍然有效。

（10）缓签聘用合同的范围：①已自费出国留学或出国探亲但仍保留公职的人员，在国家规定期限内可缓签聘用合同；②正在接受审查尚未做出结论的人员。

（11）在首次签订聘用合同中，教职工不愿与单位签订聘用合同的，聘用单位可给其3个月的自谋职业期，自谋职业期内只领取基本工资，不享受其他待遇。自谋职业期满后仍未就业的教职工，应当劝其办理辞职手续，未调出又不辞职的，予以辞退。

三、聘用合同的变更、解除和终止

1. 合同的变更

聘用合同依法签订后，合同双方必须全面履行合同规定的义务。需要变更合同的，应当经双方协商一致，并采用书面形式，注明变更日期。

有下列情形之一的，聘用合同中止履行：（1）受聘人员未履行国家规定的法定义务的；（2）发生不可抗力的；（3）法律、法规规定或者聘用合同约定其他中止情形的。

2. 合同的解除

（1）经合同双方协商一致，区教育局审核，聘用合同可以解除。

（2）受聘教职工有下列情形之一的，聘用单位可以随时解除聘用合同，并应当书面告知理由：①在试用期内被证明不符合聘用岗位要求的；②连续旷工超过10个工作日或者1年内累计旷工超过20个工作日的；③严重扰乱工作秩序，致使单位或其他单位工作不能正常进行的；④违反工作规定或者操作规程，发生责任事故，或者失职、渎职，造成严重后果的；⑤违反有偿家教"六不准"规定，情节严重的；⑥体罚或变相体罚学生，造成严重后果的；⑦有卖淫嫖娼行为或赌博行为的；⑧其他严重违反师德行为的；⑨未经单位同意，擅自出国或者出国逾期不归的；⑩判处拘役、有期徒刑以上刑罚（含收监执行或缓刑人员）或者被劳动教养的；⑪法律、法规和规章规定的其他情形。

（3）受聘教职工有下列情形之一的，聘用单位可以解除聘用合同，但是应当提前30日以书面形式通知拟解聘的人员：①受聘教职工连续两年岗位考核不合格的；②受聘教职工年度岗位考核不合格，又不同意调整其工作岗位的，或者虽同意调整其工作岗位，但到新岗位后年度考核仍不合格的；③受聘教职工患病或非因工负伤，医疗期满后，不能从事原工作，也不能从事单位安排的其他工作的；④聘用合同订立时所依据的客观情况发生重大变化，致使原聘用合同无法履行，经当事人协商不能就变更聘用合同达成一致的；⑤受聘教职工在下岗待聘期内经教育无转化且不能新聘上岗或两次拒聘上岗的。

（4）受聘教职工有下列情形之一的，单位不得依据上一条［本办法"第六部分（二）合同的解除"中第3条］的规定解除聘用合同：①受聘教职工患病或者负伤，在规定医疗期内的；②女性教职工在孕期、产期和哺乳期内的；③因工负伤，治疗终结后经劳动能力鉴定机构鉴定为丧失或部分丧失劳动能力的；④有现有医疗条件下难以治愈的严重疾病或者精神病的；⑤正在接受纪律审查尚未做出结论的；⑥属于国家规定不得解除聘用合同的其他情形的。

（5）有下列情形之一的，受聘教职工可以提出解除聘用合同，但根据教育工作的特点，应当提前30日以书面形式通知单位：①在试用期内的；②考入普通高等院校的；③被招录到国家机关工作的。

（6）有下列情形之一的，受聘教职工可以随时解除聘用合同，并书面通知单位：①依法服兵役的；②聘用单位未按照聘用合同约定支付工资报酬、福利待遇或者提供工作条件的；③聘用单位拒绝为受聘人员交纳社会保险金的；④聘用单位以暴力、威胁或者非法限制人身自由的手段强迫工作的。

（7）受聘教职工提出解除聘用合同未能与单位协商一致，又不属于第（5）条（本办法"第六部分合同的解除"中第5条）规定情形的，受聘教职工应当继续履行聘用合同；6个月后再次提出解除聘用合同仍未能与单位协商一致的，可以单方面解除聘用合同。法律、法规和规章另有规定的，从其规定。

聘用单位应当自受聘教职工提出解除聘用合同之日起30日内予以书面答复；逾期未予书面答复的，视为同意解除聘用合同。

3. 合同的终止

有下列情形之一的，聘用合同终止：①聘用合同期满的；②双方约定的聘用合同终止条件出现的；③聘用单位被撤销、解散或其他原因终止的；④受聘教职工退休、退职、死亡或者被人民法院宣告失踪、死亡的；⑤出现其他法定终止条件的。

聘用合同当事人实际不履行聘用合同满3个月，又不属本办法规定的中止情形的，聘用合同可以终止。

4. 备案

聘用单位解除聘期内的教职工的聘用合同或受聘教职工在聘期内提出

解除聘用合同，聘用单位均须报区教育局审核备案。

5. 人事关系、档案及社会保险转移

受聘教职工与所在聘用单位的聘用关系解除后，聘用单位应当出具解除或者终止聘用合同的有效证明，并按照国家和本市有关规定及时为职工办理人事关系、档案及社会保险转移等手续。

6. 续聘

经双方同意，可以续聘。续聘必须重新签订聘用合同，续签聘用合同应当在聘用期满前1个月办理。聘用单位不续聘教职工，须在聘用期满前1个月以书面报告的形式报区教育局审核。

四、违反和解除聘用合同的经济补偿

当事人一方违反聘用合同的管理规定给对方造成经济损失的，应当给予相应的赔偿。

(1) 有下列情形之一的，聘用单位应当根据被解聘人员在本单位的实际工作年限向其支付经济补偿：①经聘用双方协商一致，由单位解除聘用合同的（不含在见习期内的大中专毕业生）；②受聘人员连续两年岗位考核不合格的；③受聘人员年度考核不合格或者聘期考核不合格，又不同意单位调整其岗位的，或者虽同意调整工作岗位，但到新岗位后考核仍不合格，聘用单位单方面解除聘用合同的；④受聘人员在待聘期内经教育无转化且不能新聘上岗或两次拒绝上岗的；⑤受聘人员患病或者非因工负伤，医疗期满后，不能从事原工作，也不能从事由聘用单位安排的其他工作，聘用单位单方面解除聘用合同的；⑥聘用合同订立时所依据的客观情况发生重大变化，致使原聘用合同无法履行，经当事人协商不能就变更聘用合同达成一致的；⑦应当订立或者续订聘用合同而未订立的。

单位根据受聘人在本单位的工作年限，每满1年发给相当于1个月工资的经济补偿金。但对于依照前4条的规定解除聘用合同的，经济补偿金总额最多不超过受聘人员12个月的基本工资。工作时间不满1年的按1年的标准发给补偿金。

经济补偿金的"月工资"计算为用人单位解除聘用合同的当月教职工本人档案记载的职务（岗位）工资（技术等级工资）、津贴工资、基础津贴、岗位津贴和综合补贴之和。

（2）聘用合同履行期间，受聘人员要求解除合同的，必须按下列规定处理：

①受聘人员由教育局和聘用单位出资培训后解除聘用合同，在规定服务期内的，应按照合同的约定偿还培训费；②有服务期约定的非师范毕业生按双方签订的协议规定执行；③由外地、外系统调入本区教育系统的教职工，凡与聘用单位签订了服务期协议而未满服务期的，受聘人员应按协议有关规定赔偿。

（3）聘用合同履行期间，合同双方的任何一方擅自违反聘用合同政策规定或双方约定而解除合同的，必须负违约责任，并按不满聘用合同规定的期限支付档案工资额度的违约金，最多不超过 12 个月。

五、聘用合同管理与争议处理

（1）区人事劳动和社会保障局与教育局依法对聘用单位遵守有关聘用合同法律、法规、规章的情况进行监督检查，对违反聘用合同的行为依法予以处理。

（2）聘用单位应成立聘用争议调解小组，保证本单位聘用工作顺利进行。同时应根据本办法结合单位实际，制订本单位聘用制方案，经教职工大会或教职工代表大会讨论通过后组织实施，同时报区教育局备案。

（3）聘用双方因履行聘用合同发生争议，经协商无效的，可以在争议发生之日起 15 日内向本单位聘用争议调解小组或在争议发生之日起 30 日内向区教育局申请调解。如能协商解决，并形成调解协议，双方须按协议办理。如协商调解不成，当事人应在争议发生之日起 60 日内向区人事劳动和社会保障局人事争议仲裁委员会申请仲裁。

六、待岗教职工的分流

聘用合同签订后，对因教职工数超过岗位数或不能履行岗位职责，而未聘到岗位的人员，立足于内部消化，多渠道安置。具体办法如下。

（1）系统内流动：因编制限制或学校布局调整等原因教师过剩而未聘

到岗位的人员，可流动到其他学校工作。

（2）转岗：不适应原岗位工作的教职工，根据工作需要，转岗从事校内其他工作。工资福利待遇按新工作岗位确定。

（3）待岗进修：由于工作能力等原因影响工作效果的，本人服从组织安排，但单位无岗位安置或暂不适宜上岗的人员，在待岗期间，可以参加培训机构的培训学习，也可在学校听课学习，完成学校和指导老师交办的各项工作，培训费自理。待岗进修时间为1年。考核合格的，可以竞争上岗；考核不合格的，下岗待聘。待岗进修人员发给职务工资和政策性补贴，津贴工资考核后发放，不享受浮动工资（奖金）。

（4）下岗待聘：下岗待聘时间为1年。半年内享受全额工资和政策性补贴，半年到1年之间享受职务工资和政策性补贴，1年内不再享受地方岗位补贴和浮动工资（奖金）。学校可视实际情况提供1—2次上岗机会，也可委托区教育人才服务中心管理，也可出教育系统寻找工作。1年后再提供1次上岗机会，不能应聘上岗的，其关系转到区人才服务中心。

（5）内部退养：对距法定退休年龄5年以内（含5年）的教职工可实行内部退养。内部退养人员的待遇由单位按照不低于企业职工最低工资标准和不高于国家规定的退休费标准确定。内部退养期间工龄连续计算，单位按国家规定晋升工资时，内部退养人员在退养期间如无违法违纪行为，视为考核合格，按退养时的职级（等级）和有关规定晋升档案工资。

（6）调出系统：待岗教师可根据个人意愿调出教育系统，鼓励自主创业和自谋职业。

从上面的《聘用合同制实施办法》可知，滨湖的教职工聘任制度不仅详尽，而且具体、明确、可操作，与2001年的《关于深化和完善全区学校内部管理体制改革的意见》中的教师聘任规定相比，有明显的进步之处，主要表现在以下几个方面：第一，明确了教师聘任制的实质，即明确了学校和教师聘任双方的权利和义务，而非学校或教师单方面的权利和义务；第二，确立了法定代表人负责的原则，明确了教师聘任的主体是学校校长，而非教育行政部门或学校的某个职能部门；第三，明确了聘用合同书的必备条款、聘用合同的期限、无效合同的情形以及缓签聘用合同的范围，为保证学校和教师双方的权利提供了"法律"依据；第四，明确了合同的变更、解除和终止的具体情形；第五，对违反和解除聘用合同应给予的经济补偿情形做了具体规定；第六，明确规定了聘用合同争议的处理途径，如协商调解不成，当事人在争议发生之日起 60 日内可以向区人事劳动和社会保障局人事争议仲裁委员会申请仲裁。

尽管这样，具体到不同的学校，各学校又根据学校自身的情况制定了更为详尽的聘任方案，以使得聘任制真正落到实处，发挥其应有的作用。聘任制在具体实施过程中，是否达到了预期的目标？作为制度规范对象的一线教师是怎么看待聘任制的？我们采访了一位 1988 年就到蠡园中学工作，亲历了改革历程的普通教师。与她的对话中，我们能够捕捉到聘任制对教师的影响。

访谈者（以下简称"访"）：您是哪一年来到蠡园中学的？

蠡园中学老师（以下简称"师"）：我是 1988 年到蠡园中学的。

访：您对"内管改"有什么看法？

师："内管改"开始，工资就分为两块了。我们叫大工资、小工资。1997 年内管改后，一部分是在工资单上出现的工资，这是大工资；还有一部分就是小工资。一个月领两次工资。

访：大工资是工资单上的？

师：是。小工资则是把国家给的目标管理奖等奖金抽出 30%，然后按照教学岗位来重新确定，包括我们中考里也是。各个学科考试、考查和副科就按照系数来确定。初一、初二、初三都不一样，初三系数最大。然后还分考查学科，比如说地理、生物在初二的时候就完成学业的考查测试。像我教的历史就是初三的时候考，其他的科目就是中考的时候考，包括体育。分配的比例不一样。

访：对系数差异没有异议吗？

师：对系数差异没有什么异议，因为工作压力不一样。

访：大家对这个工资结构怎么看的？

师：一开始提出来的话，也有一些原则性的东西。因为按照主科、副科的划分，对应的压力也是不一样的。按照系数来的话，刚开始也有阻力。特别是教代会上，有一部分老师会有意见，觉得比例太大，拉开差距太大。"内管改"的原则是倾向一线老师和班主任，还有中层干部的待遇也提高了。有的老师就会心理不平衡了。但学校这么做，其实也是为了加强管理。

而且我们还有一个叫低职高聘，就是只要你有能力，当上学科组长、年级组长、教务主任，都是当作高级教师来聘任的，哪怕你只是二级教师。有的老师是一级的，他就会抱怨，但是别人确实是有能力来管理年级组，他也无话可说。我们学科组、年级组还有中层正级都是当作高级老师来聘的。所以，有的老师不理解，大概到 1999 年时，老师们也都能感觉到了，确实拉开差距了，不是吃大锅饭了，确实有用。特别是从成绩来看，1996—1997年，从全市来看应该说我们学校中考成绩是非常差的；然后，从 1999 年开始，我们慢慢有了起色。中考考得好的话，老师就有小工资可以涨。初三老师是有另外一块奖金的，学校专拨的。

访：那会不会大家争着去做初三老师呢？

师：也不会，因为压力大呀。我们的聘任对老师的压力也是蛮大的。大概 2002 年的时候（"内管改"就是聘任制开始了），有两个老师离开了学校，当时滨湖区就有缓聘或不聘的，还有个数学老师去做门卫了。当时滨湖区有个措施，学校里聘不上的就放在整个区做大交流，还没有被聘上的话学校里自己消化。有一位教语文的男教师，2002 年，他感觉到自己可能聘不上了，就转行做生意去了。后来似乎就没有再出现过这种情况，既没有解聘的，也没有调配出去的，就是内部调整。现在我们一般是一年一签，也没有太大的危机感，主要是因为我们学校原本就缺老师，校长也会想尽办法给你找岗位，或者你自己也可以找个岗位，看看自己还可以胜任哪些工作。聘任是分两个步骤的，先是你符合应聘岗位的条件且双方都同意的情况下，合约就定了；假如没聘着，那你可以再进行学校空余岗位的补聘，看自己是否能胜任另外的岗位。比如你填的意向表是初三，但是初三都聘满了，然后问你初一还有数学、历史老师的缺位你愿不愿意去。我们一般每年都是固定的一个日期（7 月 4 日左右），老师都在场，把自己的意向表投进意向箱（因为岗位是事先公布了的，比如过完暑假新学期初一会有多少班级、需要多少老师，每位老师都很清楚），然后由年级组长、学科组长、分管教学的领导和教务处主任坐在一起，先由初三年级组长牵头聘教师，聘完了根据教师的意向确定，然后是初二，最后是初一。老师们就在大会议室休息。聘任首先尊重教师个人意见，然后由学校统筹安排。刚开始觉得蛮紧张的，那些在年级中教学效果不是太好的老师会有压力。因为聘任是由年级组长、学科组长一块儿进行的，先由现在年级组长聘，聘下来，比如某学科初三确定 4 个老师，再有第 5 个、第 6 个的话就要淘汰掉了，但是淘汰掉的 2 个老师如果没有填初一、初二的岗位，在初一、初二聘老师的时候就会排到后面，先要满足先填初一、初二的人，所以会很紧张。

访：有没有私底下跟年级组长和学科组长拉关系的？

师：年级组长也有压力，他要拿出成绩来的。当然我们学校从宏观角度可能也会调整一下，比如说初三的中坚力量太强了，5 个老师都差不多的，年级组长可能也有点犯难，也觉得这个老师到初一当个班主任或数学老师更好，那么就硬刷下来。原来计划是这样的，比如只要 5 个老师，一般情况下会带 1 个新上来的，4 个带 1 个，让他在这个过程中得到提高，以后有能力循环教学。我们是考核团队，不是考核个人，是和谐下的竞争。所以，我们学校老师的工作氛围是很好的，老师跟老师的关系很好。年级组长肯定要保证质量，一个老师一带就是 90 个学生，一两个班级带得有问题会彻底影响这个学科，和市里其他学校相比就会有差距。一般情况下，学校首先确保初三的老师，然后再考虑初一、初二老师的平衡。学校也会综合考虑，比如，由骨干老师带着年轻老师，会有一个循环的教学。但是，有一点非常肯定，"内管改"之后老师的积极性、责任心明显加强，关爱每一个学生的责任心加强了，因为他不允许很多学生落在后面，落后的话直接影响这个班级的质量，所以我们学校的低分率一直不是很高……

"低职高聘"、"缓聘"、"不聘"、"差距"、"不是吃大锅饭"、"竞争"、"压力"、"淘汰"、"意向"、"合约"、"个人意见"、"学校统筹安排"、"和谐下的竞争"、"老师的积极性、责任心明显加强"、"考核团队"、"保证质量"……上述访谈中出现的这些关键词，足以说明聘任制对教师的教育教学观念和实际工作所起到的积极影响。

校长又是如何看待全员聘任的呢？时任东绛实验学校校长的朱龙祥如是说：

制度建设非常重要，一所学校要发展或者说比较快地发展，就要调动所有员工的积极性，制度是很重要的。全员聘任，我们学校做得比较坚决、彻底，很干净、不拖泥带水，不是做一套说一套，是真真正正敢做。我们可以把所有的人都放到适合他的岗位上去，使每一个人的个人潜力得到最大限度的发挥，这就是我们全员聘任制的作用。

第三节 变奏：纵向提升，横向均衡

在全员聘任制度中，有一项举措值得特别书写，那就是"第一次聘任阶段"的"双选"制度。"双选"制度建立之初，其对象主要是学校未聘人员和本人有流动愿望的人员。作为一种人性化的操作，其出发点主要是给未聘人员再提供一次选择的机会，积极稳妥地安置分流人员，有效化解矛盾，以保证聘任工作的正常进行。经过几年的实施，"双选"制度目标本身发生了根本变化，已不局限于狭隘的安置分流人员的层面，而是作为提高师资均衡的有效举措和教师培训的有效机制，进而在推动滨湖区义务教育整体均衡发展的高度进行"双选"。"双选"的对象也由本人有流动愿望的人员和未聘人员扩大为到其他学校（包括普通小学、分部、办学点）支教的优秀骨干教师、到其他学校（包括中心小学、总部）培训的教师、评职称需要轮岗的教师、校际联动需要交流的教师和没有取得相应教师资格证书的公办教师等七类（见表3-1）。2008年各校教育人才"双选"交流数见表3-2。

表3-1 2003年与2008年全员聘任中有关"双选"的不同规定

年份 事项	2003	2008
第一次聘任要求	（1）教职工总数在100人以上的单位，聘任数不超过教职工总数的95%；教职工总数在50—99人的单位，聘任数不超过教职工总数的97%；50人以下的单位至少有一名人员参加市场交流。 （2）凡年满50周岁的女性教师、年满55周岁的男性教师原则上不作为"双选"对象。 （3）患病或者负伤，在规定医疗期内的暂不列入"双选"对象。 （4）女教师在孕期、产假、哺乳期内的，可以暂不列入"双选"对象。	（1）—（4）同2003年。 （5）原则上受聘教师必须取得相应教师资格证书。

事项 \ 年份	2003	2008
参加"双选"的对象、范围	（1）学校未聘人员（因专业结构调整而未聘）。 （2）本人有流动愿望的人员。	（1）本人有流动愿望的人员。 （2）到其他学校（包括普通小学、分部、办学点）支教的优秀骨干教师。 （3）到其他学校（包括中心小学、总部）培训的教师。 （4）评职称需要轮岗的教师。 （5）校际联动需要交流的教师。 （6）学校未聘人员（因专业结构调整而未聘）。 （7）没有取得相应教师资格证书的公办教师。
工作要求	（1）教职工全员聘任工作是学校内部管理体制改革的重要一环，单位主要领导要亲自挂帅、亲自制定方案，凡有重大措施出台，须由学校领导班子集体讨论决定，并经教代会审议通过。 （2）要将教职工全员聘任工作同落实本单位的考核奖惩制度、结构工资制度、教师支教与轮岗制度紧密结合起来，不断完善学校内部管理改革方案。 （3）积极稳妥地安置分流人员，有效化解矛盾。 （4）要注意发现问题，及时沟通，保证全员聘任工作的正常进行。	（1）教职工全员聘用（任）工作是学校内部管理体制改革的重要一环，单位主要领导要亲自挂帅、亲自制定方案，凡有重大措施出台，须由学校领导班子集体讨论决定，并经教代会审议通过。 （2）要将教职工全员聘用（任）工作同落实本单位的考核奖惩制度、教师支教、轮岗制度紧密结合起来，不断完善学校内部管理改革方案。 （3）确立"双选"制度是进行教师培训的有效机制，是提高师资均衡的有效举措。

表3-2　2008年各校教育人才"双选"交流数

序号	单位	教职工总数（人）	交流数（人）
1	胡埭中心小学	135	7
2	蠡园中心小学	89	3
3	河埒中心小学	127	7
4	滨湖中心小学	121	6

序号	单位	教职工总数（人）	交流数（人）
5	雪浪中心小学	167	9
6	华庄中心小学	214	11
7	江南实验小学	57	2
8	马山中心小学	54	2
9	蠡湖中心小学	105	6
10	育红小学	252	13
11	稻香实验小学	93	3
12	峰影小学	115	6
13	东绛实验学校	277	14
14	江苏省太湖高级中学	320	16
15	立信职教中心校	242	12
16	梅梁中学	156	8
17	胡埭中学	137	7
18	蠡园中学	87	3
19	河埒中学	179	9
20	水秀中学	89	3
21	滨湖中学	97	3
22	雪浪中学	91	3
23	华庄中学	169	9
24	华庄职业高中	26	1
25	太湖成教中心	9	1
26	水秀实验幼儿园	95	3
27	滨湖实验幼儿园	65	2
28	峰影幼儿园	41	1
	合　计	3609	170

从这样的双向选择、纵向提升中，我们不难看到全员聘任制的推行达到的是使"能者上，庸者下"的目的。在这样一种能力为先的竞争机制下，全体教职工身上的压力和对职业的认真程度都提升了，简单说来就是有了危机意识。这样，就从源头上阻断了"大锅饭"的现象。正如滨湖教育人所说，"聘任制聘'火'了先进教师，聘'慌'了后进教师"，全体教职工在心灵上都受到了很大的震撼。那些工作认真、能力练达、道德高尚的老师都被学校争抢而成了"香饽饽"，那些工作态度不好、能力低下又在品德上欠缺的教师则不受欢迎而收到"拒绝信"。这样一种强有效的竞争机制能激励更多的教师不断地提升业务水平，深入钻研，真正因为爱岗敬业而做到勤奋上进。其中，教师内在的自觉性、纪律性、责任感在潜移默化中得到提升，工作效率也自然而然得到改进。

"双选"制度主要有两个目的：一是个人发展的需要，教师要评职称就必须得有交流的经历，否则评不了职称；二是从政府决策层来讲，也需要通过"双选"交流，有效地促进区域城乡的相对统一、相对均衡。可以说，"双选"制度能够将教职工全员聘用（任）工作同教师支教和交流制度紧密结合起来，既实现了教师个人的"纵向提升"，也促进了滨湖区域教育横向的均衡发展。华庄中心小学的盛征副校长对此深有感触：

教师的轮岗交流制度（支教制度）促进了我们原来整个华庄辅导区教育的均衡发展。每年有适当的老师进行交流。交流的对象，一是教师本身有交流调动意愿的，二是老师有职称评审方面的要求，有一些也是根据学校的工作需要，例如骨干教师去普通小学进行支教，这样就能很好地把我们整个区的教师队伍建设抓起来，使得普通小学的老师有更多的机会到中心校来实习，感受中心校的学习氛围。我们这个流动的目的和以前让教师在人才市场自由流动的"市场机制"有点不同，以前的"市场机制"是促使聘用、聘任包括考核的工作真正地推行，而现在的交流、流动是要促使人才均衡，目的是不一样的。这种校与校之间的对接交流，把适合流动的老师排队以后，大家都站在全局的角度考虑，我这个骨干老师出来能到哪里发挥作用，你把你那里的老师也流动出来，大家协商地进行流动，不像以前是没有聘上的先去流动。

骨干教师的"双选"交流，其意义不可小觑。"虽然对于全体学生的全面发展来讲，光靠几个骨干教师是不行，需要全体老师整体水平的提升，但骨干教师也有不可替代的作用，交流当中，他们在学校里面可以起到种子的作用，辐射他们的作用，放大他们的效应。"金春兰副书记如是说。

　　"教育人才"、"协商交流"、"教师发展"、"全局意识"和"整体均衡"，在这些关键词的背后，我们领会到了"双选"制度之精髓，更切身感受到滨湖教育制度建设中公平理念的贯彻实施。

第四章

从"等级"到"绩效"：绩效工资制度

绩效工资制作为一种结构性工资制度，实行的
初衷就是打破平均主义，促进有效教育的
发展，提高教师的幸福指数，在更高
层面上激发教师工作的积极性。

2008 年 12 月 21 日，国务院常务会议审议并原则通过了《关于义务教育学校实施绩效工资的指导意见》，决定从 2009 年 1 月 1 日起，在全国义务教育学校实施绩效工资。随后，教育部又于 2008 年 12 月 31 日发布了《关于做好义务教育学校教师绩效考核工作的指导意见》，明确了绩效考核的相关原则。从上述两个文件来看，国家在义务教育阶段实施绩效工资，其目的主要集中在以下四个方面。一是提高义务教育教师的待遇，使义务教育教师工资向公务员工资看齐。"义务教育教师规范后的津贴补贴平均水平，由县级以上人民政府人事、财政部门按照教师平均工资水平不低于当地公务员平均工资水平的原则确定。绩效工资总量随基本工资和学校所在县级行政区域公务员规范后津贴补贴的调整相应调整。"二是激励教师，提高义务教育质量。要求"学校要完善内部考核制度，根据教师、管理、工勤技能等岗位的不同特点，实行分类考核。根据考核结果，在分配中坚持多劳多得，优绩优酬，重点向一线教师、骨干教师和做出突出成绩的其他工作人员倾斜"。三是提高义务教育效益。该政策一方面使得义务教育学校绩效工资经费全额纳入财政预算，健全了教师工资的经费保障机制，改变了过去依靠学校收费解决教职工津贴补贴的现象，有利于学校规范管理，全身心投入教书育人工作，并且有些学校的自筹性收入还能上缴，统一纳入财政管理，一定程度上节省了政府的财政投入；另一方面，绩效工资政策作

为一项人力资源管理的政策，能改善教师资源配置，深化人事制度改革，有利于促进绩效考核和教师交流，有利于促使学校进一步加强内部管理，提高管理水平和效益。四是促进义务教育均衡发展。明确规定要逐步实现同一县级行政区域内义务教育教师工资大体平衡，且绩效工资总量要向"农村学校特别是条件艰苦的学校适当倾斜"，向西部地区倾斜。这无疑有利于缓解区域教育不均衡、城乡教育不均衡所带来的教育发展困境。

教师工资制度事关每个教师的核心利益，是牵一发而动全身的大事。国务院、财政部和教育部等联合高调实施义务教育学校绩效工资政策，是否会和以往的某些政策，如布局调整政策、小升初的电脑派位政策等一样，存在政策失真的问题？该政策实施三年来，滨湖区是如何操作的？作为执行主体之一的教育行政部门官员、校长是如何看待这一政策的？作为重要利益相关者的一线教师对此项政策的感受如何？绩效工资制度何去何从？让我们回到滨湖教育中一探究竟。

我们先简单看一下不同主体对绩效工资的不同看法。

访谈者（以下简称"访"）：绩效工资实施以来，滨湖区情况怎么样？

徐仲武（区教育局办公室主任）：绩效工资这块儿，滨湖推行得很平稳，原因是我们在（20世纪）90年代中期，每个学校都推行内部管理体制改革，简称"内管改"。"内管改"是什么？就是你上多少课，你做多少工作，拿多少钱，从某种程度上讲，我们觉得，这项改革比现在国家推行的绩效工资更科学。因为绩效工资还是有点大锅饭的味道。所以我们前期实施还是很平稳的。

张敏（区教育局人事科科长）：绩效工资制作为一种结构性工资制度，实行的初衷就是打破平均主义，促进有效教育的发展，提高教师的幸福指数，能在更高层面上激发教师工作的积极性。

访：过去的工资跟绩效工资有什么区别？

杨大椿（鑫园中学校党委书记）：原来的幅度更大，所以现在实行绩效工资很平稳。"内管改"之前就是按照国家规定的办，老师是什么级别就固定了一年工资能拿多少。

访：实施绩效工资后，有何感觉？

某教师：外人来看可能都说它更加走向平均，但是我觉得还是有差距的。老师们是在和谐中竞争。给我的感觉是一开始实施时可能矛盾比较尖锐，这种矛盾主要还是主科跟副科、考查科目跟考试科目之间的矛盾。虽然差距比"内管改"的时候小了，但差距还是有的，比如音乐老师、美术老师觉得上了很多课，还是拿不到一个比平均数稍微高点的工资。特别是实行教师交流制度后，每个学校基数不一样，感觉差距更大了。

"平稳"、"有差距但差距没有以前大"、"和谐中竞争"、"提高教师的幸福指数"、"有效教育"……这些关键词正是滨湖绩效工资制度实施情况的缩影。为什么事关教师根本利益的绩效工资在滨湖能得以平稳实施？今日的绩效工资制和以前内部管理体制改革中的结构工资制有何关联？后者给前者带来何种影响？让我们先进行简单的溯源。

第一节　前奏：结构工资制①

结构工资制是"内管改"的核心内容之一。什么是"内管改"？就是打破"大锅饭"，你上多少课、做多少工作，就拿多少钱。"竞争、激励、差距"已成为结构工资制的题中应有之义，无疑为绩效工资的实施奠定了基础。

2001年以前，滨湖区一部分学校教师基本上是按照级别领取工资，工资多少与实际工作的好坏并无直接关联，俗称"吃大锅饭"。自内部管理体制改革起，滨湖区所有学校均开始实行校内结构工资制。这一制度把工资分为了固定工资和浮动工资两大部分，俗称大工资、小工资。此举使教职工的劳动报酬与其工作责任的大小、工作量的多少和工作质量的高低紧密地挂钩。这一改革，对当时习惯了"吃大锅饭"，按照级别、课时统一由国家发放薪水的教师们来说无疑是一个巨大的变动，按照一位历史老师的话说就是"如惊雷般把人震醒了"。这位老师回忆起当年的结构工资时，谈道：

假如从教学这块儿来讲的话，1997年的"内管改"力度更大，远远比现在大，因为那时老师的压力要比现在大。现在反而是走向"大锅饭"。因

---

① 有关结构工资制的具体文件规定参见本书第三章中的《关于全区学校全面实行校内结构工资制的意见》。

为 1997 年刚好学校发展出现了瓶颈，民办学校的兴起对公办学校的冲击还是很大的，优等生走了之后对学校的教学产生了很大影响。当时出现这个状况后学校不改不行，所以就通过多劳多得、优劳优酬这个"内管改"来激励老师的积极性，以使老师们把主要精力放到课堂教学上来。我记得当时初三教得最好的语文老师跟初一的老师可能相差 1 万多元。

正如这位老师所言，"内管改"政策下老师们的收入差距明显拉大，差距大，必然会引起矛盾。时任蠹园中学书记杨大椿回忆当时的改革时说：

回过头来看我们学校当时的改革，有合理的地方，也有不合理的地方。我们当时有三个倾斜，即"向一线倾斜，向主科倾斜，向初三倾斜"。因为初三老师最辛苦，所以初三和初二一节课的系数不一样，初三是 1.8，初二是 1.0。副科更不一样，初中副科一个星期要上 22 节课，这就不合理。22 节课这个工作量太大了，但是反过来想想，22 节课和主科的课比起来也差不多，因为你会发现早下班的全是副科老师，主科老师是不可能的。这样一来，差距肯定很大。后来我们就改了一下，把这个矛盾缓和了一下。

当然，"内管改"中的结构工资制在各校之间情况各不相同，蠹园中学显然属于步子迈得比较大的。时任河埒中心小学校长的吴林基在介绍本校推行校内结构工资制时，还特意提到了他们的一些制度创新，如"双德育辅导员制"：

固定工资是每个月发放，浮动工资则是单独拿出来经考核后发放。因为存在着班主任这样一个老师不太愿意担任的特殊职位，想提高班主任工资却又不能没有理由，于是就想出了一个辅导员的名称，叫作"双德育辅导员"，即一个班级有正、副班主任各一名。

因为当时管得很严，不能随意提高最高标准，每一个辅导员都有自己对应的岗位，胜任这个岗位也需要完成相对应的工作量。两个人中间可能有人能力强一点，有人能力弱一点，多担一点少担一点都通过考核来计算。简单、直白地说，"双德育辅导员"就是以前正、副班主任的变名，但是变个名字却能为老师提高一点津贴。

考虑到当时的班主任基本都是语文、数学老师，其他科的如体育、美术等老师到了学期结束时，常常没事干，而班主任就很忙，工作量太不均等，就有了这样一个做法，实际上也是借结构工资制让大家都来积极承担班级管理和德育工作。

这一制度创新也是对结构工资制引发的矛盾的一种调整。诸如此类的制度创新，归根结底，都是为了提高教师的积极性，使学校的教学工作更具生机和活力。

结构工资制的"浮动工资"之所以称为"浮动"，说明它不是一成不变的，主要根据教师工作责任的大小、工作量的多少和工作质量的高低进行调整。相对于绩效工资制的基础性和奖励性的工资构成，"浮动工资"相当于绩效工资中的"奖励性工资"。2008年，人力资源和社会保障部、财政部和教育部联合出台的《关于义务教育学校实施绩效工资的指导意见》中明确规定，"奖励性绩效工资主要体现工作量和实际贡献等因素，在考核的基础上，由学校确定分配方式和办法"。由此可见，尽管结构工资制并未使用"绩效"这一概念，但从结构工资制的实质来看，与绩效工资制有异曲同工之妙。

结构工资制与高职低聘、低职高聘、解聘等全员聘任制相结合，给师资队伍的结构、教师心态方面带来了很大影响，这些影响有积极的一面，但也不乏消极的成分。有些教师面对改变很难真正顺利地消化它，甚至放弃了教师工作。或许这就是团体绩效和个体绩效之间不完全吻合之处，改革就是要使这些不吻合的地方得到弥合，政策也是通过不断地调整得以完善发展的。有了"内管改"的经验，滨湖在推行绩效工资制度时，无疑多了几分从容。

第二节　主调：不只是发钱，更为有效

一、鞋底厚，走长路

2009年1月1日起，全国范围内义务教育教师绩效工资的推行是继义务教育全部免除学杂费之后，国家保障义务教育发展的又一项重要举措。

对此，滨湖区区委、区政府高度重视，多次组织相关部门专门召开动员会和协调会。2009 年 10 月，滨湖区义务教育学校绩效工资工作会议在区机关电视电话会议室召开，这意味着滨湖区全面启动义务教育学校绩效工资制。区委、区政府高度重视，区人力资源和社会保障局、财政局、教育局等部门做了大量工作，组织班子，深入调研，并加强与上级部门和周边城区的沟通衔接，根据《无锡市义务教育学校绩效工资实施办法》（简称《绩效工资实施办法》）做了具体安排。

2009 年 12 月，在充分调研、反复测算、广泛征求意见的基础上，根据《江苏省义务教育学校教职工和校长绩效考核工作指导意见》和《关于印发无锡市义务教育学校教职工和校长绩效考核工作指导意见的通知》精神，结合滨湖区实际情况，滨湖区教育局、人力资源和社会保障局、财政局三部门联合出台了《无锡市滨湖区义务教育学校校长绩效考核工作实施办法（试行稿）》《无锡市滨湖区义务教育学校教职工绩效考核工作指导意见（试行稿）》和《无锡市滨湖区奖励性绩效工资构成及参照标准》，为滨湖义务教育学校校长和教职工的绩效工资的推行奠定了制度基础，使绩效工资的考核与发放有章可循。有关绩效考核与绩效工资的主要内容集中在以下几个方面。

1. 实施绩效考核的基本原则

绩效工资制度以服务和促进义务教育的科学发展、高位均衡为目标，以提高教师队伍的素质为核心，以促进教师绩效为导向，着力构建符合教育教学规律和教师职业特点的导向明确、标准科学、体系完善的教师绩效考核评价制度，促进教师的全面发展，促进素质教育的全面实施，促进教育教学水平的全面提高。实施绩效考核工作应遵循以下原则。

（1）尊重规律、以人为本的原则。尊重教育规律，尊重教师的主体地位，充分体现教师教书育人工作的专业性、实践性、长期性特点。

（2）以德为先、注重实绩的原则。把师德放在首位，注重教师履行岗位职责、实施素质教育的实际表现和贡献。

（3）激励先进、促进发展的原则。鼓励教师全身心投入教书育人工作，引导教师不断提高自身素质和教育教学能力。

（4）客观公正、简便易行的原则。坚持实事求是、民主公开，科学合理、程序规范，讲求实效、力戒烦琐。

2. 考核的内容

考核的对象是按国家规定执行事业单位岗位绩效工资制度的义务教育学校正式工作人员（含完全中学中的初中专任教师）。

（1）教师绩效考核的主要内容：对教师履行岗位职责，完成学校规定的教育教学任务情况进行全面考核，重点考核工作实绩，包括师德、教育教学、班主任工作等方面的实绩。根据滨湖区实际情况，在奖励性绩效工资中设立班主任津贴、中层干部岗位津贴、骨干教师津贴、超课时津贴、教育教学成果奖励等项目，各校可根据实际增设相关项目。

师德主要考核教师遵守《中小学教师职业道德规范》的情况，特别是为人师表、爱岗敬业、关爱学生的情况。在考核中，要明确规定教师不得从事有偿家教，不得以任何理由、任何方式不履行教育教学职责，不得歧视、侮辱、体罚和变相体罚学生，不得以非法方式表达诉求、干扰正常教育教学秩序、损害学生利益，不得利用职务之便谋取私利。

教育教学主要考核教师从事德育、教学、教育教学研究、专业发展的情况。德育工作主要考核教师在日常管理和课堂教学中实施德育的情况；教学工作主要考核教学工作量、教学准备、教学实施、教学效果、执行课程计划和学生课业负担的情况，以及组织课外实践活动和参与教学管理的情况，对教学效果考核，主要以完成规定的教学目标、学生达到基本教育质量要求为依据，不得把升学率作为考核指标，引导教师关爱每个学生，特别是学习上有困难或行为上有偏差的学生；教育教学研究主要考核教师参与教学研究活动的情况和实效；专业发展主要考核教师拓展专业知识、完成规定的培训进修任务、不断提高自身素质和教育教学能力及水平的情况。

班主任是中小学日常思想道德教育和学生管理工作的主要实施者，是学生健康成长的引领者。班主任工作主要考核其对学生的教育引导、班级管理、组织班集体和团队活动、关注每个学生全面发展的情况。

（2）学校管理人员、教辅人员、工勤人员的绩效考核主要是考核其服务态度、履行岗位职责和完成工作任务的情况，具体考核内容由学校根据岗位目标制定考核细则。

3. 考核办法

（1）成立由滨湖区教育局、区人事劳动和社会保障局、区财政局主要负责人组成的滨湖区义务教育学校教职工绩效考核工作领导小组，领导、指导、检查、监督全区义务教育学校教职工绩效考核工作。区教育局成立由局长任组长的义务教育教职工绩效考核工作小组，具体落实义务教育学校绩效考核工作。

（2）各校成立由校长任组长的绩效考核工作领导小组，制定本校教职工的绩效考核实施办法并组织实施考核工作。领导小组人员由校级领导班子成员、工会组织和有关部门负责人、普通教职工代表等组成。

（3）充分发扬民主，保证教职工的知情权、参与权和监督权，增强绩效考核工作的透明度和考核结果的公信力。绩效考核方案和实施细则必须广泛征求教职工的意见，听取学校理事会的意见，教职工代表大会通过，学校考核领导小组集体研究并报区教育局批准后实施。各校要完善内部考核制度，根据教师、管理、工勤技能等岗位的不同特点和考核内容，设立单项绩效考核实施细则，实行分类考核。考核应当公正公平、公开透明。考核结果应向全体教职工公示，公示时间不少于 5 个工作日。教职工对考核结果有不同意见，可以通过正常渠道向学校和学校主管部门申诉。

（4）绩效考核一般由学校按规定的程序与年度考核结合进行，采取定性与定量评价相结合、自评与他评相结合、形成性评价和阶段性评价相结合的方法进行。同时，充分听取任教班级班主任、任课教师、学生和家长及社区的意见。

（5）义务教育学校教职工绩效考核是一项复杂的系统工程，政策性强，涉及面广，关系到广大教职工的切身利益。要求各校深入细致地做好教职工的思想工作，引导教职工正确对待绩效考核工作。严肃考核工作纪律，对工作不负责任、考核失真失实的，要追究其相应责任。

4. 考核结果的运用

（1）教职工绩效考核结果可分为优秀、合格、基本合格、不合格。优秀比例一般不超过参加考核教职工总数的 15%—20%。有下列情形之一者，应当确定为不合格：①职业道德考评达不到基本要求的；②以非法方式表达诉求、干扰正常教育教学秩序、严重损害学生利益；③因失职渎职造成重大事故或严重社会影响；④歧视、侮辱、体罚或变相体罚学生的；⑤从事有偿家教的。

（2）绩效考核结果要作为教职工年度绩效工资分配的主要依据。

对履行岗位职责、完成学校规定的教育教学任务的，全额发放基础性绩效工资、班主任津贴。对没有履行岗位职责、没有完成规定的教育教学任务、在师德方面存在问题或发生教学事故及其他违反学校教育教学要求的，可视情形减发基础性绩效工资、班主任津贴。减发部分从当年奖励性绩效工资或下一年基础性绩效工资中扣除。

要求各校根据绩效考核结果，合理确定奖励性绩效工资分配等次。奖励性绩效工资应当向一线教师、骨干教师、优秀班主任和做出突出成绩的教职工倾斜，适当拉开分配差距。绩效考核不合格或没有结果等次的，不计发奖励性绩效工资。

（3）绩效考核结果也要作为教职工岗位聘任、职务晋升、培养培训、表彰奖励等工作的重要依据。绩效考核不合格者，下一年度不得申报职称评审。连续两年考核不合格的，按有关规定予以转岗或解聘。

5. 奖励性绩效工资总量的确定

《绩效工资实施办法》规定："奖励性绩效工资总量的确定，由学校主管部门在同级人民政府人事、财政部门核定的本地区义务教育学校奖励性绩效工资总量内，根据社会公共服务绩效考核结果提出所属各学校具体奖励性绩效工资总量，经同级人民政府人事、财政部门审核备案后实施。"该文件对滨湖区义务教育学校奖励性绩效工资总额的分配做如下规定：校级领导的奖励性绩效工资，滨湖区名、特、优教师（指无锡市学科带头人以上骨干教师）津贴由区教育局按实统筹，其余根据年度学校办学水平考核和教职工人数核给各校。

6. 奖励性绩效工资的构成及参照标准

学校奖励性绩效工资中可设立班主任津贴、中层干部岗位津贴、骨干教师奖励津贴、超课时津贴、教育教学成果奖励等项目。各学校可根据自身的实际增设相关项目。

（1）班主任津贴。按《绩效工资实施办法》的规定，标准为：小学300元/月、初中400元/月，按班主任实际聘任的月份发放。

（2）中层干部岗位津贴总量上限定为3%。小学：正职400—500元/月、副职300—400元/月。中学：正职500—600元/月、副职400—500元/月。每年以12个月计算。

（3）骨干教师奖励津贴总量上限定为2%（不含滨湖区名、特、优教师)。骨干教师个人奖励津贴标准不得超过原奖励标准（详见《调整滨湖区中小学骨干教师奖励标准》）；校级领导承担骨干教师义务和责任，参与考核者，在本校可以享受骨干教师奖励津贴；骨干教师奖励津贴按 12 个月发放。

(4) 超课时津贴：由学校根据平均工作量核定。

(5) 教育教学成果奖励：由学校根据实际核定。

如前所述，绩效工资与滨湖此前的结构工资制改革是一脉相承的，例如之前提到的河埒中心小学的"双德育辅导员"制度，就是把工作一分为二，与绩效工资是个很好的衔接。甚至可以说，绩效工资制也给了一些学校纠偏的机会，使之可以对结构工资制中的不合理部分或运行中产生的矛盾进行调整。

鞋底纳厚了，也就不怕走长路了。

不论是推进"内管改"，还是采用工作量制度，在滨湖已经初步解决了收入能高能低、人员能进能出、职位能上能下的问题，所以无论校长还是教职员工在观念上接受绩效工资制度并不难，难的是如何把这个工作量化。校长们反映：对学校而言，绩效工资改革的难点是如何通过绩效考核，解决30%奖励性绩效工资的合理分配问题。以往教师评价中的"老大难"问题在绩效考核中依旧凸显：其一，"师德"中难以量化和认定的因素，在操作中如何评价？其二，教师的"优绩"改用什么指标衡量？能否量化表达？因为教育部在指导意见中明确规定"不得把升学率作为教师绩效考核指标"，那么，学生的学业成绩要不要进入教师的考核项目，指标评价怎么设计才科学？其三，关于教师的工作量，最传统、最简单的办法是通过课时来计算的。但各学科的特点不同、教学难度不一，一些隐性的劳动差异如何体现？[①] 具体到滨湖的各个学校，它们是如何操作，如何获得平稳推进的？我们以华庄中心小学和蠡园中学为例，看看绩效工资具体方案的出台过程，以及推行中的调整策略。

二、几上几下，艰难出台

对于绩效工资，学校具有一定的自主权。各个学校在落实绩效工资的

---

① 张葳 . 绩效工资改革　好事还需办好 [J]. 中小学管理, 2010 (1)：6.

过程中，虽经历了不同的推行过程，但总的说来，由于它涉及全校教职员工的切身利益，而且中央及地方各级政府的高调推行也让部分教师产生了绩效工资就是"涨工资"的误解，所以，每个学校具体方案的出台都不是那么容易的，基本上都经历了艰难的几上几下。

（一）华庄中心小学的"精打细磨"

华庄中心小学绩效工资方案的出台及实施过程，从下面与过骏校长的对话中可窥一斑。

访谈者（以下简称"访"）：绩效工资制度是单纯由学校自己定的吗？

过骏校长（以下简称"过"）：当时是学校自己定的。实行工资改革后，有一块儿30%的绩效，也是津贴工资，是个性化的。全区会有一个区间，至于定为什么标准，就要根据学校所有工作的总量除以学校现有的教职工数，然后来确定它的基本量。所以有点差异，不是全部学校都一样。

访：这个方案的出台过程是怎样的？

过：它的背景实际上是学校要促进教师的积极性，就要推进公平、公正、科学的管理。以前有些制度是校级领导讨论讨论就确定了，如果校级领导层面是公平、公正的，教师就没什么意见，如果讨论带有人为因素的话，教师就有意见了，有了意见就体现不了公平，教师就有想法，就会影响工作。所以说制度对于调动教师的积极性是非常有用的。我们学校制定绩效工资制度的实际情况是：先在调查的基础上听取教师的意见，初步定一个框架，然后也经过几上几下，放到教师中去讨论，讨论以后由教师反馈到我们校级层面，校级层面再进行讨论，讨论以后再放到下面教师中讨论，然后专门开教代会，教代会上讨论通过以后就执行。应该说经过这么几上几下，教师对这个制度的理解、认可达到高度一致，所以推行起来就比较简单。

访：绩效工资制实施后，是积极因素多还是负面影响大？

过：我们2010年的绩效工资制推进比较顺利，其实很多工作、基础都是以前打的，大家在观念上接受绩效工资制也不是那么难，但制度的调整是有的。最关键的一点是如何把这个工作量化，就是每一个人都可以操作。

(二) 蠡园中学的"八上八下"和"模拟评议"

同样艰难的具体方案，在蠡园中学则经历了"八上八下"才得以在教代会上通过，并且实施后，仍在进行不断地模拟评议及修正，《无锡市蠡园中学奖励性绩效工资（一级）方案》（简称《绩效工资一级方案》）的形成，可谓凝结了全校教师及中层管理者无数的心力。目的只有一个，即在学校落实好绩效工资，解决教师钱的问题，最终使教学更加有效，教师的幸福指数不断提升。《绩效工资一级方案》中主要包括以下内容。

（1）班主任津贴为 400 元/月（纳入工作量计算，每人总额不低于 4800 元/年），中层正职、副职津贴分别为 500 元/月、400 元/月（津贴总量不超过总数的 3%）。

（2）对工作量标准界定为：起聘工作量 14 课时，上限工作量 25 课时。工作量的计算方式：工作量的基本单位为周课时，一个月计 4.35 周；周课时工作量奖励 = 课时数×18 元/课时；月课时工作量奖励 = 课时数×18 元/课时×4.35 周/月（即课时数×78.3）；年课时工作量奖励 = 课时数×18 元/课时×4.35 周/月×10 月（即课时数×783）。

（3）对敬老补贴做了特别规定：离实际退休 2 年以内（含 2 年）的，补贴 1500 元/年；离实际退休 2 年以上、5 年以内的，补贴 750 元/年。

（4）评议与奖励对象分为 A、B、C 三类，各类人员奖励总数核定，分类评议，具体内容见表 4-1。

表 4-1　分类奖励与评议表

类别	编制数	对象	总金额（万元）	人均（万元）	备注
A. 中层管理人员	11	主任、副主任、人事秘书、工会主席、团总支书记（兼大队辅导员）等（根据上级规定界定）	26.61	正 2.45 / 副 2.28	
B. 教育教学一线人员	74.5	课堂教学人员（含班主任）中的非中层人员	138.55	1.86	
C. 教育后勤服务人员	12.5		20.63	1.65	

类别	编制数	对象	总金额（万元）	人均（万元）	备注
机动		基本确定性机动	5.35	0.06	对象：B、C
		结余	6.56	0.09	对象：教学人员
骨干教师专项奖励		区教学能手、学科带头人，市教学新秀、教学能手。市级学科带头人以上荣誉称号的"名、特、优"教师由区统一考核	4.30	0.04①	
师德与学校重大安全责任考核		全体成员		只减发，不奖励（在奖励性绩效工资中减发）	
98人总金额约202万元					

除一级方案外，还有二级方案和三级方案。仅二级方案就涉及中层管理人员评议与奖励方案、教育教学一线人员评议与奖励方案（包括不同年级、不同班次、不同学科课堂教学岗位工作量约定等）、教育后勤人员评议与奖励方案、骨干教师专项奖励方案、师德与学校重大安全责任考核方案以及其他有待具体说明的若干问题（包括：跨学科、跨年级教学工作量补贴的界定；各种奖励与津贴的评议方式、评议周期与发放方式的说明；班主任工作内容的相关说明；教职工作息时间与请假管理和评议的问题；代课的问题；课堂教学之外纳入工作职责的相关工作与学习培训举要；加班工作的说明；值班问题；个性化评议的说明；相关特别人员的处理问题；情态强化班等部分类别班级的特别补贴问题；部分副科的学科召集人设定问题，等等）。

如此众多的问题，事无巨细，真的让我们有种"剪不断、理还乱，别有一番滋味在心头"的感觉。值得庆幸的是，我们参加了蠡园中学召开的"绩效工资模拟评议会"，从一个侧面了解了蠡园中学解决问题的程序和不

① 此处人均0.04万元指校级骨干教师的奖励，其他骨干教师的奖励是根据区统一标准发放的，如教学能手每人每年大约为5000元。

断完善绩效工资的一些做法。会议摘录如下。

附 绩效工资模拟评议会摘录

邱校长指出，这次绩效工资模拟评议，目的主要是争取把钱的问题一揽子解决，期望借助此方案能引领老师走向积极、走向高效。奖励的目的不是发钱，而是把各项工作都能做到位。会议的讨论有以下两个步骤，第一是人员问题讨论一下，第二就是回顾并学习上一次讨论的绩效工资分配方案。

1. 人员问题讨论

教师交流后人员变化比较大，不仅是交流上的问题，更多的是交流之后的相关问题。先说外借。外借人员老师甲，她借给 A 中学那边，这就出现一个问题：这个不是人员对调（如果是人员对调，则毫无影响，这个钱相当于本校给了一个人，就不给另一个人），像甲这样，关系在这边，人到格致区工作，相当于拿本校的钱去干其他学校的活，对应的她本来该在自己学校做的事情摊给其他老师做，但是其他老师的钱并没有多出来。同样，比如从 C 中学过来的丙，只能在这边上班，对应的他的绩效工资的奖金部分怎么确定？像这种问题的性质如果不定下来，相当于那笔钱是 100 个人分还是 98 个人分，它的影响是非常大的。再如，从 D 中学过来两个老师，相当于本校老师工作量就少了，那么绩效工资如何定也是个问题。再说脱产。如果教师去别的学校脱产学习一个学期，因为人还是本校的，那么就意味着本校要制定绩效工资的个人标准，再按份给他才行。如果是本校借出去的老师，那么在算绩效工资的时候也要注意把他们加入计算的总人数里。

2. 学习绩效工资分配方案

（1）2010 年 1 月开会讨论确定的整体分配原则

①2009 年由教育局下拨的 2010 年绩效工资量大概人均 2.2 万元。2010年上半年由于涉及教师交流，有部分老师离开蠡园中学，绩效工资从 2010年 8 月也就是下半年才开始实施，所以上半年按以前的学校制度分配。上半年已分配掉一部分，这一部分蠡园中学按人数已算好并记好账，就差把钱打到老师工资卡上了；而本学期（2010 年下半学年），人均还有以 1 万元为基数算的工资，这样也符合全年加起来 2.2 万元的总量。

对于本学期工资分配方案，主要分为几块：一是中层管理人员，大概全年人均 2.42 万元，意味着下半年还可以分配 1.1 万元，其中包括课堂教学、后勤和中层管理三部分；二是后勤服务岗位，全年大约人均 1.65 万元，下半年人均能分到 0.78 万元；三是兼课又有其他工作的老师，基本按照这样的公式算：0.78 万元×0.3（这是后勤的部分）+课堂教学部分。具体分配按制度执行。

②考核质、量之比。整个考核中对应的评议包括质和量两部分。质与量的比为 1∶3，也就是分别占 25% 和 75%。量是对应课时工作制的，一般一线教师是 18 元/课；质的部分是对应评议方案的。

③60% 评议原则。课堂教学的课时系数对应备课、学科、年级组长，也涉及质（跟课堂教学的质的评价标准不一样）和量的部分。这里的通用原则是"60% 评议原则"，即整个评下来至少要分三等，而其中评为良的至少要占 60%，特别优秀的和不及格的教师工资怎么发放是要谨慎考量的，既能做到整体控制又不至于太死板，并且用评议代替考核。

④合约式评议。只扣不奖，例如师德与常规一类；补贴一类，是比较机动的。

（2）具体操作

具体的相关操作是分组进行的。主要是根据聘任制度形成学科教学常规与质量评议方案，其中又主要分为中层管理者、备课及学科组长、班主任、总务后勤工作补贴管理方案。

分工分到具体的组，每组对应几个人。模拟分配跟真实分配有不同之处，有些材料到学期末才会有，有些是先前累积的。如凡课必有教案和助学案、课堂教学无缺岗现象是平时来做的；而学生和家长的满意度、课堂教学有无安全事故、教学质量等方面要期末考试之后才能出相关数据。

在评定绩效工资时，还经常犯难的问题就是关于课时系数，比如教一节语文课和生物课的课时系数是不一样的。教生物的可能一个年级只有一个人，一星期只有两次课，而且两次课只需要备一次课，而教语文的可能一个人就要带两个班，每次课还都要备课，那么这二者之间的系数必然不一样。怎么来把握、平衡好系数的评定，着实需要学校中层多方面的考量，在其中还得处处体现博弈的智慧。

3. 校长总结感想

邱校长：这次会议，结果是次要的，分组汇报模拟评议结果是为了知道还需要哪些材料，其中哪些是在学期末要收集的，哪些是接下来半学期要落实的。整个绩效工资制我们蠡园中学是憋足了一股劲儿在运行的，花了很大精力。通过这一次评议，关于钱的问题，至少教师的钱的问题，希望能够得到彻底解决，做到没有特殊情况。当然有几点是我比较担心的：

（1）到底能剩多少给予补贴？够不够？比如说家访、敬老这一部分能不能真正落实到部门？

（2）关于质的问题。比如既定的"60%评议原则"，但是会不会最终评出来全是良？毕竟一所学校的教学生态落实到质的评价上面一定要较真。现在"大锅饭"已经吃得够多，基本工资就占了70%。所以一点差距不在于钱本身，而在于理念，一种如何建立良好生态、引领教师发展的理念。

（3）补贴发放、脱产进修等问题都是通过一线教师的平均数来衡量，那么所谓"一线教师"如何产生？公认性如何？会不会有交叉？是不是该考虑新进教师的感受？这涉及管理人员、后勤人员跟一线老师的冲突以及预留"蛋糕"的问题。

总之，一定要注重利益调整问题，别把好事办坏了。整个工作中要突出"用合约代替计划，用评价代替考核"，杜绝教育的异化。如果像一般的那样写完计划再量化考核，整个教育就会走向简单化、功利化。我们应该做到的是你做什么工作你提出想法，我们也提出学校的整体思路，这样双方形成约定。我们的一些制度基本上就代替了合约，在评价的时候于底线之上让大家来议。针对中层管理问题，要认识到当我们的中层不是管理者的时候，他就是一个普通老师。

该绩效工资模拟评议会是在2010年10月召开的。时隔半年，2011年4月，我们再一次来到蠡园中学时，面对前一年关于绩效工资的"尾巴"问题，一位负责的中层干部说道：

基本沿用原来的，没有多大改变，稍微有一点调整。我们现在调整的是一个面签制度。因为绩效考核30%奖励性考核工资里面也有需要扣的，特别是私事、请假等，有的老师时间久了就忘了他什么时候请过假。于是我们现在就采取一种面签制度，就是一个月总结一次。你是哪一天请的假，是公事还是私事或者课务调整，都要经过这样一个面签。还有就是加班，我们加班也很多，老师们记不得，所以每个月都来一个面签，再每月进行一次汇总。绩效是一年一弄，上半年制定好了细则接下来执行就轻松了。而且我们绩效工资一般是过年之前拿那个30%的部分，等于就是先帮老师把钱存着了。

三、小用看业绩，大用看品行

"小用看业绩，大用看品行"，只有业绩突出且品行优秀的人员才能够得到晋升和重用。对此，滨湖区教育局的一位工作人员有他的理解："绩效工资的目的不是发钱，其最终指向是高效。而这个高效，不是光指教学的成果，更重要的是因教师的德行、操守、学识、能力所带来的学校教学工作的改进。"教师辛勤教书育人，先不论其为人民服务的道德情操和人生志向，最基础的也是自我谋生、养家糊口所需。因此，仅以单纯化、纯粹化的道德动机来要求教师对待教学工作是危险的，也是不切实际的。加拿大学者克里夫·贝克在《学会过美好生活：人的价值世界》一书里提出，道德需要多样的、复合的动机启动，它不是凌驾于其他价值之上独断专横的东西。好的道德行为与好的但非道德的行为之间的区别在于一个微妙的度。从另外一个角度也可以说，所有的决定都是生活的决定。我们必须避免仅仅在一种价值领域（比如道德）内思考问题。[1] 人是社会动物，人超越所处社会的一般水平的能力是很有限的。在很大程度上可以说，是整个社会，甚至是更广泛的全球共同体出了问题，个人只是随之出了问题。因此，对于师德的评价，要杜绝单纯的谴责，而应当建立有效的激励、引导机制，使德朝着健康的方向发展。用更宽阔的视野看待教师职业道德，也给教师更为人性、感性的发展空间。

绩效工资制度的实行，特别是奖励性绩效工资分配方案的制定与实施，在现实中对师德的影响是很大的，出现了一些不容忽视的弊端。某些学校仍倾向于选择与教学直接相关的指标，并且这种考核倾向的是对教学结果的考核，对教师教学过程的关注较少。[2] 这种只看学科考试成绩而不关注教

---

[1] 贝克. 学会过美好生活：人的价值世界 [M]. 詹万生，译. 北京：中央编译出版社，1997：23-24.

[2] 刘茜. 教师对绩效工资政策态度的调查研究 [J]. 当代教育科学，2010（20）：50.

育教学过程的唯分数至上的做法，因其浓重的"工具理性"色彩，在实践中扭曲了教师的精神家园，直接导致出现了大批只顾"功利机巧"的教师。他们为在考核中赢得更多的绩效收入，打着为学校、社会发展输送优秀人才的旗号，把学生当作有待加工的"原材料"，通过对"时间与空间"的严格管理与分配，以追求教学效果最大化为宗旨。[①] "拖课"现象、自修课"圈地运动"、只顾为自己学科学习抢时间而超量布置作业等严重违规现象与师德缺失现象屡见不鲜。

为避免出现上述现象，滨湖教育局提出一定要关注教师教学过程中的幸福指数。学校层面，上级教育主管部门考评学校办学水平的时候，应更多地关注学校是否在为教师进行有效教学、学生进行有效学习做出努力，学校是否真正地重视各学科教师专业群体的均衡发展以及与教学、学习有关的学校文化的改变，是否关注校长、管理人员和一线教师积极情感、责任意识和敬业精神的培养。区教育工会主席袁菁的《实施绩效工资体制下师德建设的研究》一文，充分折射出绩效考核对于校长以及普通教师们最初始的要求，终归离不开一个"德"字。

《实施绩效工资体制下师德建设的研究》一文，首先直言滨湖师德建设中部分教师存在"缺乏事业心、进取心、爱心和师表意识淡薄等情况，少数教师还存在体罚与变相体罚、有偿家教、向家长变相索要钱物、涉赌、迷信和违背教育教学法规等问题"，随后提出了"建立健全师德师风建设的监督机制"和"改进师德鉴定的方法、量化师德评价的标准、突出师德建设的时代性"等对策，从绩效工资体制实施方面对师德建设提出了很好的建议。

在实施绩效工资体制后，将教师的师德情况纳入每个教师的绩效考核显得非常重要。各学校应制定相关的师德鉴定方法，量化师德评价的标准，科学地评价每一位教师的师德状况。

（1）采取平时考核和年终考核相结合的方法进行，以平时考核为主，以自然年度为准，学校考核领导小组对被考核人的师德等级加以鉴定，逐项打分，并将最终等级结果交学校考核领导小组讨论，通过后予以公示。

---

① 伍正翔. 幸福的他者性与为了幸福的教育 [J]. 上海教育科研, 2010 (10)：14.

（2）为了确保考核的客观、公正和公平性，各学校平时要做好考核资料信息的收集和积累。一是能够反映教职工政治思想和依法执教方面的资料，如政治笔记、学习心得、政治荣誉、参加学校大型活动的情况等。二是反映教职工爱岗敬业、严谨治学方面的资料，如考勤记录、教学常规检查记录、教学业绩、参加培训活动等。三是反映教职工关怀学生、尊重家长方面的资料，如班级工作手册、家访记录、学困生转化记录、家长会记录等。四是反映教师为人师表方面的资料，如平时执行"五严规定"、执行滨湖教师"十要十不准"规定、遵守教师文明礼仪、服从学校安排、与同事相处及其他方面是否有不良表现的记录等。各种信息资料要准确、无误，要定期公布，与全体教师见面。

（3）对师德评价标准中无法用确切的数据、资料反映的部分项目，可采取由学生、家长投票（或问卷）的办法来确定"满意率"，即将师德状况加以量化，使师德状况由模糊变清晰。①学生评教：每学期由学校师德教风建设工作领导小组组织学生对所有教职员工进行一次评教活动，及时整理反馈意见，并对教师的师德行为提出整改意见或建议。领导小组按照评估内容要求对所有人员进行量化考核，凡问卷调查中出现的各种问题经核实属实，要予以调查处理。②家长问卷调查：学校师德教风建设工作领导小组每学期组织一次家长问卷调查，及时汇总整理反馈意见，并向全体教师反馈，凡问卷调查中出现的各种问题经核实属实，也要予以调查处理。

第三节　和声：提升教师的幸福指数

判断一项教育政策是否得到有效执行，主要是看该政策的目标与其实施结果之间是否存在高度一致性，换言之，就是看是否达到了预期的政策目标。绩效工资政策实施至今，争议颇多，特别是该政策最主要的利益相关者——教师的反应最为强烈。就全国范围内来看，问题主要集中在以下两个方面。一是认为分配不公，领导拿得多。网上有文说："教师质疑校长拿大头……张老师对他们学校的分配方案很不满。据她介绍，该校奖励性绩效工资根据学校奖励性绩效工资月总量为基数，按4：4：2的比例分考勤、岗位和工作量、奖教奖学三部分进行分配，而校级领导绩效工资按本校绩效工资月平均值的 124% 计发，学校中层干部的绩效工资按本校绩效工资月平均值的 112% 计发。她认为绩效工资方案本应该偏向一线教师，现在却有演变成校领导职务补贴的趋势。"① 网上还有文说："少数人罢课要待遇，不患寡而患不均……区属学校教师绩效工资低于市属学校……年轻教师绩效工资改革后过低……2009 年 11 月，在兰州市城关区，也发生了一场风波。当地把教师绩效工资中的 30% 暂停发放，用于绩效考核后的'二次分配'，引来了很多教师的抵制，他们认为这是在'拿自己的钱奖励自己'。"② 二是对平均主义的不满。一些学校的校长担心将工资差距拉得太大的话，可能造成不安定的因素，有些老师会有意见，会闹，没法操作。由于拿不出一套合理的、普遍认同的方案，就按平均数发，人人都没意见了。倘若有教师反映平均主义的不公平，校长通常会做教师的工作，让教师"讲奉献，讲良心"。为此，有的学校为了应付上级主管部门"要将教师之间绩效工资收入拉开适当差距"的要求，形成了两套分配方案，一套是有老师参与讨论的实际操作的内部分配方案，还有一套是没有经过讨论由学校相关领导制定的，为了得到上级部门批准而上报的外部分配方案。这是"上有政策、下有对策"的体现，也反映了学校执行主体与"上"、"下"两方面的利益博弈，"上"为上级部门的肯定，"下"为学校内部教师的稳定。

绩效工资制度既要使教师工资拉开适当差距，体现优劳优酬，避免落入平均主义的窠臼，又要让所有老师都满意，这的确是件非常复杂的工程。鉴于其他地区出现的平均主义等问题，我们访谈了滨湖的部分教师。从这些不同学科教师发出的不同声音中，我们可以发现滨湖绩效工资实施的效果及其目标达成度。

访谈者（以下简称"访"）：结构工资不断调整，调整的方向是平均，还是保持一定差距？

---

① 数万教师绩效工资改革之困：谁动了我的蛋糕？[EB/OL]. (2010-05-19)［2013-11-14］. http：//www.chinanews.com.cn/edu/news/2010/01-12/2067896.shtml.

② 郭久辉，王艳明，王莹. 教师绩效工资改革喜忧参半 少数人罢课要待遇［EB/OL］. (2010-01-12)［2013-11-14］. http：//www.chinanews.com/edu/news/2010/01-12/2067896.shtml.

A教师（以下简称"A"）：我感觉是往和谐方向走，老师们比较信服。1997年变化大，然后就是2009年的绩效工资制。我们教代会是开了8次，加起来大大小小22次会议。全体教师参加的有8次。主席团有中层、一线老师、校级领导，人员设置考虑到男女教师比例、青老教师比例，还包括其他党派的。

访：你们觉得绩效工资和原来的"内管改"的区别是什么？

A：我倒觉得从教学这块儿来讲，1997年的"内管改"力度更大，就是要通过多劳多得、优劳优酬来激励老师的积极性，把主要精力放到课堂教学上来。有一点非常肯定，"内管改"之后老师的积极性、责任心有一个明显的加强，关爱每一个学生的责任心加强了。因为他不允许很多学生落在后面，落后的话直接影响这个班级的质量，所以我们学校的低分率一直不高。

访：如何使绩效工资改革不落入平均主义的窠臼？

A：我们肯定不会是平均主义的。不必有这个担忧，老师本身也不愿意平均主义。再说，绩效工资中70%是"大锅饭"，30%还是要看你的工作积极性，还是有差距的。它是奖励性的，还是要根据你的岗位和你做出的成绩来确定。我觉得绩效工资应该是跟提高教师的幸福指数有关，跟怎么更有效有关。有效不仅仅是教学，而是整个教育事业的发展。应该从家长的满意度、老师的幸福感、学生的幸福快乐感、学校的发展几个方面综合考虑。

访：您觉得和"内管改"相比，绩效工资制有何不同？

B教师（以下简称"B"）：我当然觉得绩效工资制好，我拿的钱多了。现在工资比以前级别多，也高了，肯定拿得比以前多。

访：横向和其他同事相比呢？

B：同样教历史，那个时候我拿的算多的了。因为我教的班级多，那个时候我还是年级组长，低职高聘，拿得比较多。"内管改"和绩效工资制我都不反对，道理很简单，我不教初三相对比较轻松了。那个时候年轻，带的班多，是多劳多得。我低职高聘，差就要补给我。现在聘了高级，反倒是高级里的最低档。不一样的是后面的30%那一块儿，你没在高级岗位就享受不到。

访：大家都还是有笑容的？

B：那当然，尤其是年轻老师，他级别没到，但是有能力，所以是优劳优酬。一个是多劳多得，一个是优劳优酬。

访：绩效工资的实施对老师有影响吗？

B：我觉得是有的。其中负面影响就是绩效工资这一块儿，一是差别不是很大，二是副科的老师还是有点不平衡。因为那30%的部分，我们学校任课老师是和后勤老师分开来的，有的老师就觉得我上课的还不如做后勤的。好比说这个蛋糕是30%的，后勤老师没有课务，我们就把这一块蛋糕分出来让他们自己安排，剩下来的任课老师再分。换句话说就是从这个大锅的粥里舀一勺给后勤，后勤根据岗位再定出分配方案来。副科老师要进班级上那么多课，不一样的。

访：对老师的教学积极性有什么负面影响吗？

B：我们学校教师的情态都很积极的，没有偷懒的老师。而且我们团结合作很好。偷懒的话其他老师不会说你，但看你的眼光都会不一样。河圩中学的老师就说："你们怎么那么积极？"我想他们过一年也会这样的。因为我们都是在这样一个氛围里熏陶了20多年。

从上述老师们的谈话中可以看出，尽管一线教师与中层以上干部的工资、副科教师与主科教师的工资、一线教师与后勤人员的工资、交流来的教师与其以前的工资相比难免有差异，对于奖励性绩效工资的分配也难以使每个教师都满意，但总体上教师们对绩效工资的实施结果还是持普遍的赞成态度。他们关于"和谐中竞争"、"提高教师幸福指数"的表述表明了绩效工资的实施效果还是体现了多劳多得、优劳优酬的绩效目标。必须承认，"让每个教师都满意"只能是一个美好的愿望。因为，改革就是对利益的重新分配，特别是涉及每个教师切身利益的工资改革更是如此。访谈中我们也发现，老师们对绩效工资制度是欢迎的，问题的关键就是如何建立科学合理并且行之有效的绩效考核体系，把每个老师的"绩"准确反映出来，进而给予相应的报酬。

同等市民待遇：进城务工人员随迁子女就学保障制度

在这里，费用全免，而且一个以外来子弟为主的
蠡园中心小学被打造成全区最好的
学校之一，孩子在这里很开心。

圣经《新约·马太福音》中有一则寓言，大意是：一个国王远行前，交给三个仆人每人一锭银子，吩咐他们："你们去做生意，等我回来时，再来见我。"国王回来时，第一个仆人说："主人，你交给我的一锭银子，我已赚了10锭。"于是国王奖励了他10座城邑。第二个仆人报告说："主人，你给我的一锭银子，我已赚了5锭。"于是国王便奖励了他5座城邑。第三个仆人报告说："主人，你给我的一锭银子，我一直包在手巾里存着，我怕丢失，一直没有拿出来。"于是国王命令将第三个仆人的那锭银子赏给第一个仆人，并且说："凡有的，还要加给他，叫他多余；没有的，连他所有的，也要夺过来。"这就是著名的"马太效应"的源出，意指好的愈好，坏的愈坏；强者愈强，弱者愈弱。美国学者罗伯特·莫顿将"马太效应"归纳为：任何个体、群体或地区，一旦在某一个方面（如金钱、名誉、地位等）获得成功和进步，就会产生一种积累优势，就会有更多的机会取得更大的成功和进步。此术语后为经济学界所借用，反映贫者愈贫、富者愈富、赢家通吃的经济学中收入分配不公的现象。社会学家则用这一概念描述社会生活领域中普遍存在的两极分化现象。

在日常生活中，一个人如果获得了成功（金钱、名誉或地位等），往往什么好事都会随之而来。在经济领域、学术研究中又何尝不是如此？具体到一个企业、一所学校亦然，它一旦获得成功，占据了优势，就会产生一

种累积效应，在更高的平台上获取更多的资源，谋取更大的发展。弱者难以望其项背，与强者的差距越来越大。滨湖建区伊始，城里的学校和城乡接合部学校之间、公办学校和尚未转制的民办学校之间差距还是较大的。具体到每个学生，进城务工人员随迁子女①与滨湖本地户籍学生的受教育机会和水平也存在明显的差别。面对这种差距，是遵循"马太效应"，着力打造几所好学校，使其好上加好，集中优势资源，让"一部分学校率先好起来"，还是统筹协调发展，不让一所学校落后，不让一个孩子掉队，实现滨湖教育的均衡发展，是新政府上任伊始必须考虑的问题。因为它不只影响到每一个滨湖孩子的受教育机会和权利，更影响到滨湖新区的未来发展。回望滨湖教育10多年的发展，从2001年开始的校长轮岗交流制度、2002年接收农民工子女定点学校的确立、2008年取消三所公有民办学校，到2010年"双十五"比例的教师流动政策之实施和义务教育高位均衡发展示范区建设的全面推进，体现了滨湖致力于更加优质、更加公平的教育的发展轨迹，可谓是行走在优质与高位均衡的大路上。遵循公平的理念，滨湖在保障进城务工人员随迁子女与本地户籍学生享受同等待遇方面做出的努力，是全国解决进城务工人员随迁子女就学同城待遇问题的典范。

第一节　进城务工人员随迁子女就学现状：考问地方　　政府教育公平的履责情况

进城务工人员随迁子女的教育问题是我国城市化进程中必然面临的问题，如何保障这部分儿童享受到与流入地城市户籍儿童同等的教育对待受到了政府和社会各界的高度关注，也是考问我国教育公平状况的重要指标。围绕着进城务工人员随迁子女的受教育问题，国家出台了一系列政策，其中，又以"两为主"政策为代表。"两为主"政策最早出现在2001年国务院出台的《关于基础教育改革与发展的决定》中，该文件明确提出"以流入地政府管理为主，以全日制公办中小学为主，采取多种形式，依法保障流动人口子女接受义务教育的权利"，简称"两为主"政策。随后，由教育

---

① 为尊重所引文件资料原文，本章中的"进城务工人员随迁子女"有时也称"农民工子女"、"流动人口子女"、"外来人员子女"等。

部、中央编办、财政部等六部门联合出台了《关于进一步做好进城务工就业农民子女义务教育工作的意见》，指出要明确流入地政府及各职能部门的责任、流出地政府要积极配合和采取灵活的收费方式。2006 年，国务院又发布了《关于解决农民工问题的若干意见》，指出"两为主"要"按照实际在校人数拨付学校公用经费"，"不得违反国家规定向农民工子女加收借读费及其他任何费用"。同样，2006 年新修订的《中华人民共和国义务教育法》第十二条明确规定："父母或者其他法定监护人在非户籍所在地工作或者居住的适龄儿童、少年，在其父母或者其他法定监护人工作或者居住地接受义务教育的，当地人民政府应当为其提供平等接受义务教育的条件。具体办法由省、自治区、直辖市规定。""平等接受义务教育的条件"也为农民工子女真正享受到教育上的同城待遇提供了法律依据。

一、进城务工人员随迁子女就学之不同面相

尽管国家出台了相关的法律、法规保障进城务工人员随迁子女的平等受教育权利，但从全国范围来看，形势并不乐观。2011 年 8 月，北京市政府强行关闭 24 所打工子弟学校所引发的冲突充分说明了问题的复杂性和难度。

北京"再一次"关闭打工子弟学校引发了家长和社会各界的关注，把北京市进城务工人员随迁子女的就学不公平问题又一次推到风口浪尖上。之所以说是"再一次"，因为早在 2006 年夏，北京市曾发生过取缔未经批准流动人员自办学校事件。据北京市教委统计，2006 年在京义务教育阶段的流动儿童有 37.5 万人，其中 62% 以上在公办中小学接受义务教育。全市有打工子弟学校 300 余所，其中获得办学许可的有 50 多所，未经许可自行办学的约 240 所。针对这种状况，2006 年 7 月 12 日，北京市人民政府办公厅发布《关于进一步加强未经批准流动人员自办学校安全工作的通知》，主要从安全角度出发，要求在 9 月底前取缔存在安全隐患的未经批准的流动人员自办学校，共涉及 239 所打工子弟学校，需分流学生约 9.5 万人。8 月中旬，取缔行动在大兴区流海镇、石景山区衙门口村以及海淀区酿成冲突，近百名学生高喊"我要上学"的口号，冲进被取缔学校强行上课，并出现镇政府巡防队员与学生家长发生肢体冲突的事件，引起轩然大波。后来北

京市政府采取务实态度，暂缓执行取缔，维护了社会稳定和流动儿童就学。

时隔 5 年，北京市政府又强行关闭了 24 所打工子弟学校，这一次采取的是"先关闭，后分流"的政策，并且，海淀区依然要求家长自行办理"五证"（家长或监护人本人在京暂住证、在京实际住所居住证明、在京务工就业证明、户口所在地乡镇政府出具的在当地没有监护条件的证明、全家户口簿等证明）后，方可向公立学校申请入学。由于打工子弟学校学生的家长，大多是菜农、商贩、临时工，甚至不少靠拾荒为生，根本无法做到"五证"齐全。多名校长直言："'五证'对于大多数家长来说，是一道高门槛。"截至 8 月 15 日，打工子弟学校红星小学 1400 余名学生中，只有 70 余人的家长办齐"五证"，申请进入公办学校；新希望小学 800 余名学生中，只有 100 余人申请。① 由此带来的是：孩子失学，家长抱怨，社会质疑，教委忙于回应……

除了农民工子女以外，在城镇改造过程中，必然会出现因拆迁而被迫动迁的居民，这部分居民子女的受教育问题随之产生。如何保障动迁居民子女平等的受教育权也是城市化进程中不能不面对的问题。网络资讯的无孔不入，让我们不出家门便了解了很多因学校关闭等情形给农民工子女或动迁居民子女受教育权带来负面影响的新闻。在这些铺天盖地的新闻中，鲜有滨湖区的负面新闻。我们访谈到的农民工子女的家长对滨湖的教育也毫无微词，他们对孩子的教育状况非常满意，认为孩子和无锡本地的孩子受的教育没有什么两样。有的家长只是对不能在异地高考这一政策不满，而对此，家长们则表达得很清楚：这不是滨湖、不是无锡一个城市就能解决的，需要国家解决。让我们聆听两位在无锡打工的学生家长的心声——

访谈者（以下简称"访"）：孩子在本地上学，感觉怎么样？现在需要交钱吗？

家长：孩子是在蠡园中心小学上学。那时候是除了蠡园中心小学都要交一万多，但是蠡园中心小学好多了。一年是收 500 元借读费，其他的都（和本地的孩子）一样。那时候书本费、借读费都不免。好像到了三年级有暂住证什么的以后，就都免了。

---

① 石明磊，等. 北京 30 所打工子弟校收关停通知影响 3 万名学生 ［EB/OL］. （2011-08-16）［2013-09-07］. http：//news. sina. com. cn/c/2011-08-16/040122996001. shtml.

访：孩子是怎么进了蠡园中心小学呢？

家长：当时这里有个育才幼儿园，可以直接考进蠡园中心小学的。这边是这样，学校好，借读费也就高。不光是外地人，你就是无锡本地人也得花钱择校。我们的孩子从幼儿园开始一直在这边上学。

访：当时上蠡园中心小学最大的考虑是什么？

家长：我们住得比较近，然后是考虑家境。那会儿三万块钱择校费太高了，觉得没必要。

访：进蠡园中心小学以后有没有感觉受到歧视什么的？

家长：开家长会的时候看名单，基本80%都是外地的，安徽、苏北比较多。没感觉到受歧视。小孩有点自卑，主要是因为不能在这儿参加高考，这是国家政策问题，不是学校的问题。相比起来，我们的孩子比在家留守的要好多了。我们之所以没让孩子进更好的学校，一个考虑就是希望他不要有太大压力。

访：政府一直强调要保证农民工子女和本地孩子一样接受同样的教育，你们感觉滨湖做到了吗？

家长：这个好像还是挺公平的。在这里费用全免，实际上蠡园中心小学的外地生也特别多。基本上在滨湖蠡园中心小学还算好的，比如他们实行家校联合啊什么的，把一所外来人员子女为主的学校打造成全区最好的学校。

访：孩子教育这方面，你们觉得还有什么需要改进的？

家长：最需要解决的还是高考问题。农民工的孩子，让不让在当地参加考试，这个是最关键的。

从上面的对话中，有几个问题需要进一步追问：滨湖是怎么做到进城务工人员随迁子女义务教育费用全免的？如何把一个进城务工人员子女为主的学校打造成全区最好的学校？"坚持'以公办为主'，强化政府责任"是滨湖解决进城务工人员随迁子女就学问题的制胜法宝。

二、以公办为主，强化政府责任

滨湖区成立之前，该地区有一所民办小学、一所民办初中和一所民办高中。这三所民办学校，实质上是公有民办，就是依托名校办民校。比如，育英小学是隶属育红小学的，太湖格致中学是依托雪浪中学办的民校，太湖高中也有一个民办高中部学校。2008年，按照当时江苏省政策的要求，实行民转公，这三所转制学校已全部转为公办学校。近些年来，本地生源逐年萎缩，外来生源不断增多并逐渐成为学校生源的主体。面对这种情况，没有民办学校，更没有打工子弟学校，如何解决滨湖区的2万多名进城务工人员随迁子女的就学问题，成了摆在新区政府面前的重要任务之一。

作为联合国儿童基金会和国务院妇女儿童工作委员会"保护流动儿童权益"试点城市，2002年，无锡市提出各区确定接收农民工子女的定点学校，按就近入学的原则，不得推诿、拒收。且政府公开承诺"以流入地政府管理、公办学校就近接纳为主，不让一个农民工子女失学"。滨湖区切实执行市里的政策，利用布局调整后闲置的校舍，由教育行政部门直接举办公办性质的吸纳农民工子女的学校，并精心选配校长、教师，确保教育教学质量，真正实现了农民工子女与本地学生一样享受优质教育。

2004年8月，无锡市教育局、编制委员会办公室等七个单位联合发布了《关于无锡市区进城务工就业流动人口子女接受义务教育的若干意见》，指出："流动人口子女入学，按分级办学分级管理的原则，以流入地政府负责，以全日制公办中小学接纳为主。流动人口子女到流入地公办中小学就读，由其父母或其他法定监护人，按流入地人民政府和教育行政部门有关规定，向住所附近中小学提出申请，经学校同意后办理入学手续，或向流入地教育行政部门提出申请，由教育行政部门协调解决，学区由当地教育行政部门划定。公办中小学在条件具备的情况下，不得拒收在当地合法居住的流动人口子女入校就读。"

同年，无锡市启动了"新市民安居乐业工程"，凡就读公办学校的农民工子女，学校收费项目和标准与当地学生一视同仁，不再收取借读费、择校费、捐资助学费等，对家庭经济困难的学生酌情减免杂费。

另外，为切实保障流动人口子女的受教育权，无锡市政府还在上述文件中明确将解决流动人口子女入学问题作为一项社会系统工程，指出："解决流动人口子女入学问题是一项社会系统工程。有关部门要齐抓共管，形成合力。教育行政部门要将流动人口子女义务教育工作纳入当地普及九年义务教育工作范畴和重要工作内容，指导和督促中小学认真做好接收就学和教育教学工作。公安部门要及时向教育行政部门提供流动人口适龄子女的有关情况。发展计划部门要将流动人口子女义务教育纳入城市社会事业发展计划，将流动人口子女就读学校建设列入城市基础设施建设规划。财政部门要安排必要的保障经费，对接收流动人口子女较多的学校给予适当的补助。城市教育费附加中要安排一部分经费，用于流动人口子女接受义务教育。机构编制部门要根据接收流动人口子女的数量，合理核定接收学校的教职工编制。劳动保障部门要加大对《禁止使用童工规定》（国务院令第364号）贯彻落实情况的监督检查力度，依法查处使用童工行为。物价部门要与教育行政部门等制订有关收费标准并检查学校收费情况。街道办事处（乡镇政府）、社区居委会（村民委员会）负责动员、组织、督促本社区流动人口家庭依法送子女接受义务教育，对未按规定送子女接受义务教育的父母或监护人进行批评教育。"

2005年8月，滨湖区又专门出台了《关于在全区进一步推进进城务工农民子女民本化管理的工作意见》，《无锡市滨湖区"十二五"教育事业发展规划（2011—2015年）》中更确立了"公平为基"的工作方针。全区各乡镇街道均把流动人口子女教育工作纳入当地教育总体发展规划之中，明确职责，建立并完善经费筹措保障机制，如原华庄街道在已有两所中心小学的基础上，投资规划建设新校区，于2010年秋季撤并了以流动人口子女为学生主体的原龙渚分校和巡塘分校，成立了无锡市太湖实验小学，并在每年秋季开学前统筹协调与已有两所中心小学的流动人口子女入学问题，解决了华庄地区外来务工人员的后顾之忧。

整个无锡市始终坚持把解决农民工子女入学问题作为推进义务教育均衡发展的重点工程来抓，达成了"不让一个农民工子女失学，保证人人有学上，争取人人上好学"的工作目标。滨湖区政府严格按照市里的要求，自2009年春季起，实现了全部免除学杂费、全部就读公立义务教育学校的"两全"目标，形成了颇具特色的滨湖模式，实现了农民工子女就学问题得以解决和滨湖薄弱校得以改进、义务教育高位均衡发展的多赢局面。如前面访谈到的农民工子女家长所言，"把一个外来人员子女为主的学校（蠡园中心小学）打造成全区最好的学校之一"。到2012年，滨湖区义务教育阶段进城务工人员随迁子女入学17918人，占义务教育阶段学生总人数的48.4%。其中，初中进城务工人员随迁子女入学4763人，占初中学生总数的 45.4%；小学进城务工人员随迁子女入学 13155 人，占小学学生总数的 49.6%。目前，100%的进城务工人员随迁子女（义务教育阶段）在公办学校就读。

三、规范入学程序，维护合法权益

近年来，由于外来人口流动性强、易于集中，在滨湖区出现了部分学校学额已满，无法满足当地这类群体的子女入学要求，而另外一些学校却学额空置，存在浪费教育资源的现象。针对这一现实情况，滨湖区教育局根据国家、省、市相关文件精神，结合区域实际，于 2011 年 4 月专门制定了《滨湖区义务教育阶段外来人员子女就学管理办法（试行）》（简称《外来人员子女就学办法》），《外来人员子女就学办法》坚持"以人为本"的理念，本着"就近入学、统筹安排"的原则，对适用对象、所需材料、报名登记、入学方式、升学转学等事项提出了明确而具体的要求，其目的是要更好、更有序地安排外来人员子女依法接受教育，科学合理地分配教育资源，规范教学秩序，保证他们享受平等优质的教育资源，维护其合法权益。

往年各学校招收外来人员子女没有明确的统一标准，缺少可参考的依据，因此给招收外来人员子女入学带来了一定的困难。特别是入学对象和入学条件不明确，容易使外来务工人员无所适从，甚至造成误解，托关系走后门，浪费了大量的时间、精力，不仅容易造成腐败，还给滨湖教育带来负面影响。而今，《外来人员子女就学办法》对入学条件做出了明确规定。一是对监护人进入滨湖区工作时间的规定。若孩子要在 2012 年 9 月 1 日进入本区公办中学入学就读，其监护人必须在 2010 年 12 月 31 日前在本区居住且取得合法的居住证或暂住证，2011 年 8 月 31 日前与劳动部门签订劳动合同或取得工商营业执照或其他稳定的工作证明。二是明确了中途入学转学的相关规定，中途转学应以学年为单位，原则上不接受中途入学或转学申请。三是必须"六证"齐全。《外来人员子女就学办法》中规定的户口簿、居（暂）住证、劳动就业合同（营业执照、稳定工作证明）、房产证（房屋租赁合同）、计划生育证、儿童预防接种证等六证要齐全，缺一不可，非起始年级还应出具原就读学校的学籍证明及转学证明，不满足条件者不予接收。

这些条款，看似苛刻，但其出发点就是为了保障适龄儿童接受义务教育的权利。因为义务教育不只是国家、政府单方面的义务，其监护人应当为被监护人接受教育提供相应的条件，保证适龄儿童平等就学。貌似"苛刻"的背后，《外来人员子女就学办法》的相关条款充满了人性化考量。如在第二条第三款中，充分考虑到外来人员工作的复杂性，有些工作可能存在无法取得劳动部门认可的劳动合同，也无法申领工商执照，如每天往返于田地至菜场运送蔬菜的农民等，这部分人员只需菜场或田地承包商出具其在此稳定工作的证明即可。这样的人性化操作，可以为更多的外来人员子女，特别是弱势群体子女提供入学机会。《外来人员子女就学办法》还规定，外来人员子女转学一般以学年为期限，即在每学年春季学期结束后才能准予转学。但外来人员流动性大，工作稳定性差，在具体操作时，学校也可酌情考虑。学生转学时，学校应出具证明并由学生带走学籍，同时要进行流向统计，防止其失学，保障其接受完整的义务教育的权利。

更为重要的是，外来人员子女的监护人持有效证明材料在规定时间内可到离居住地相对较近的、学额有空余的学校申请报名。学校验证其材料真实，且学额有余，则准予入学；学校已没有空余学额，其父母可向教育局申请，由区教育局统筹安排。任何学校都不得拒收统筹安排的外来人员子女。比如近几年，水秀新村、稻香新村附近租住的外来人员急剧增多，大量适龄儿童拥入稻香实验小学，给稻香实验小学的管理和教育教学带来巨大的压力，学校部分班学额超标，不仅加大了学校管理的难度，而且或多或少影响到学校其他儿童的受教育权。《外来人员子女就学办法》的实施，更好地规范了外来人员子女入学，且由教育局统筹安排，若出现某一学校学生大量无序拥入的状况，则将外来人员子女逐渐引导融入本地其他较高水平的学校接受教育，使之更加科学有序，无疑是对各方都有利的事情。此外，滨湖还不遗余力地优化资源，缩小学校之间的差距，各个中小学均衡化程度非常之高，故并未招致外来人员的不满或使其感到备受歧视。《外来人员子女就学办法》出台后，滨湖也从未发生过类似前述那种集中反映诉求、甚至爆发冲突的社会事件。

第二节　合理布局优化结构：不遗余力

2001 年以来，滨湖紧紧围绕满足义务教育高位均衡发展、内涵发展的目标，以 2001—2003 年、2004—2007 年、2008—2009 年为三个时间段进行了三次较大规模的学校布局调整，为全区义务教育实现高位均衡发展奠定了良好的基础。我们仅以河埒片区为例，建区之初，河埒地区的教育布局情况最为复杂：有区管学校，其中又分区直属学校如育红小学等，街道、乡镇所属学校如河埒中心小学等，中心小学下属村校如孙桥小学、蠡桥小学、梅园小学等三类；有市局直属学校，如河埒中学、梅园中学等；还有企业所属学校，如海鹰小学、华晶小学，其中华晶小学归南长区教育局管理。总体来看，该区域当时没有一所隶属于滨湖的初中学校，各小学之间的办学水平存在明显差距。鉴于此，滨湖人广泛采取了理顺隶属关系、优化资源配置、改善办学条件和注重内涵提升等多角度、全方位的改革路径，实现了河埒地区义务教育优质均衡的发展目标。

我们仅以河埒中学的改造为例。河埒中学创建于 1944 年，学校教育教学质量长期在无锡市公办学校中名列前茅，周边地区的家长和学生大多选择河埒中学，但是学生和家长对学校的硬件设施意见不少："学校的校舍太陈旧了！""活动的场地太少，学生做操都排到校门口了！"学生的学习环境和教师的办公条件亟待改善，但因受周边建筑、原有设施、资金缺乏等诸多条件制约。学校领导多次开会商讨却终觉无从下手。

此时，随着滨湖新城建设步伐的加快，河埒地区面临着历史性的大开发、大调整。"金色江南"等商品房住宅小区和大丁家苑等安置房住宅区的开发，使河埒地区的人口密集程度增加。由于上述居民聚居地离原来的河埒中学距离较远，这些河埒地区的"新居民"也为自己孩子的初中入学问题犯难，政府也从各种渠道听到了相关的呼声。于是，河埒中学的改造议题便排到了议事日程当中。

2002 年，由于河埒地区核心商务区改造的需要，经无锡市人民政府同意，由无锡市教育局和金色江南住宅小区的开发商鸿意地产协商，决定在金色江南住宅小区三期建设河埒中学新校区。河埒中学新校区占地面积由老校的 35000 平方米扩大到 45000 平方米，校舍建筑面积由老校的 13000 平方米扩大到 25000 平方米，校内设施按照江苏省示范初中和江苏省教育装备一类学校标准建设。滨湖区政府、区教育局对新校建设工作非常重视，多次召开新校建设专题会议，明确建设标准，落实建设资金，协调解决遇到的各种问题，主要领导多次亲临建设现场巡视检查。

2007 年 1 月 8 日，河埒中学整体迁入新校区。教育部基础教育司、联合国教科文组织部分领导、专家在参观了学校后，对该学区教育均衡发展、人人都能受到良好的教育深表赞赏。美国肯塔基州戴维斯郡教育考察团参观访问了学校之后，对学校教学设施设备的现代化、数字化表示惊讶和赞叹。河埒中学新校的建设，充分体现了教育现代化发展和城市现代化建设同步的理念，是城建、教育在现代化进程中通力合作、整体规划的结果。

在滨湖城市化的进程中，类似的案例还有许多，如太湖高中、蠡园中心小学、蠡湖中心小学、江南实验小学、育红小学等。同时，为了满足城市化进程中人民群众对优质教育的需求，滨湖区还投资改造了稻香实验小学、河坍中心小学、华庄中心小学、雪浪中心小学、梅园小学、许舍小学、雪浪中学、华庄中学、胡埭中学、太湖格致中学、梅梁中学、育红实验学校等多所中小学，全区基础教育区域布局通过调整获得优化。① 以太湖格致中学为例，为恢复其公办性质，滨湖区政府投资 7800 万元，学校搬入了新校区，教学规模从原来的 12 个班提高到 60 个班，实现了学生全部免费就近入学，符合条件的民办教师全部吸收为公办教师。

滨湖在薄弱校改造、合理布局中不遗余力，不懈推进教育现代化建设工程和义务教育高位均衡发展示范区创建工作，不断加大教育财政资金的投入，5 年注资约 30 亿元（2006 年投入 3.7 亿元，2007 年投入 4.8 亿元，2008 年投入 6 亿元，2009 年投入 7.1 亿元，2010 年投入 8.6 亿元），仅在教育技术装备上投入就达 8000 多万元，全区校园网建有率、"一网新三机进教室"工程覆盖率均达到 100%。计算机生机比、师机比分别为 7.56：1 和 1.08：1，全区义务教育现代化学校达 100%，全区孩子均能够接受优质的义务教育，真正实现了进城务工人员随迁子女的平等市民对待。

---

① 徐仲武，张春晓 . 新城市　新规划　新教育：无锡市滨湖区对"教育现代化"的新解读 [J]. 江苏教育，2007（21）：27.

第三节　适合的才是最好的：可选择性教育的有益尝试

公平，是一个相对主观的范畴。基于需求标准的教育公平，是指某个学生切实感受到其所受教育之"实有"与应受教育之"应得"相一致。教育实践活动中的"实际享有"与其"应得"的一致性诉求，转换为另一种表达，则是使每一个学生获得适合其自身发展的教育，即为一种"公平的教育"。在传统的教育教学中，我们一直倡导"因材施教"这一基本原则。"因材施教"固然重要，但它是从"施教"的意义上说的；而在"施教"之先，有个更为重要的前提条件，那就是适合所"因"之"材"的"教育"由谁来决定的问题。换言之，"适合的才是最好的"之"适合"是"谁"的"适合"？是老师认为的"适合"，还是"学生"认为的适合？

如何基于进城务工人员随迁子女的不同特点和需求，采用适合他们的教学方式方法，使他们真正融入滨湖的主流教育，成为许多以外来人员子女为主体的学校最为关注的问题，诸如蠡园中学的"选课走班制"、华庄中学的"当量教育"、南湖中学"不把错误带回家"的平凡坚守，均是对基于需求标准之最高公平观的有益尝试。在"是否适合学生"这一根本问题上，不是由老师说了算，也不是由家长说了算，更不是由教育行政官员说了算，而是由学生自己来决定。因为，学生作为学习的主体，他自己最清楚什么是适合他的，什么是他不想要的。并且，华庄中学的可选择性教育探索还在理论上明确提出了"当量教育"的理念，诠释了"适合的才是最好的，和谐的才是最美的"的教育精神，将滨湖教育的发展真正落到促进每个学生（特别是外来人员子女）获得最优发展的目标之上，成为滨湖教育制度建设中的一道亮丽的风景。

一、情态选班制：选的是"菜"而不是"厨师"

蠡园中学有个特殊性，在于外来人员子女较多。仅以外语学科为例，这些外来人员子女曾在户籍所在地接受小学教育，则大都没有学过英语，而无锡本地的学生在小学阶段则大多已经学了四五年英语，学生个体差异较大。面对此种状况，如果简单地分层，按照传统的做法，分成重点班或非重点班，法律不允许①，家长也未必接受；如果不分班，混合教学，则不仅教学难度增加，而且无法解决"吃不饱"、"饿两头"的问题，教学质量更是难以保证。面对这样一个难题，蠡园中学在广泛调研的基础上，提出了"情态选班制"。

所谓"情态选班制"，指的是学校提供不同类别的班级"菜单"，学生根据自身的情态水平选择适合自己的班级的一种编班制度。毋庸置疑，在过去传统的教学中，学生在很多方面都处于被动的状态。大至进什么班级、哪位老师教，小至背诵哪篇课文、默写哪些单词，基本都是由学校与教师单方决定的。虽然学校和教师在整个过程中也会充分考虑学生的具体情况，但学生毕竟没有机会名正言顺地行使选择的权利。我们打个也许不大确切的比方，把学生上学比喻为去饭店吃饭。我们去饭店吃顿便饭，通常会做出多次选择，是去 A 餐厅还是 B 餐厅，除了考虑餐厅环境因素外，大多是因为想吃某种口味的饭菜而选择了 A 或 B。学生在学校里学习，能否选择到适合其特点的课程就如同能否吃到最合其口味的饭菜一样。尽管是同一个厨师、同一个教师，针对不同顾客、不同学生的需求，也应力求调整技法，满足顾客、学生的口味。如果在漫长的受教育阶段，学生缺乏基本的选择权，那么整个受教育过程显然是不公正的。提到选择，人们通常会和民主、尊重、信任、优质等美好的词语联系在一起。蠡园中学在分层教学基础上发展而来的"选班"，正是遵循了"把选择权还给学生"的思路，让学生自主选择适合自己的课堂，使得学生的课堂生活快乐而有效。毕竟，学生大部分的在校时间是在课堂上度过的，课堂是学校教育的主阵地。②

"情态选班制"的基本理念在《无锡市蠡园中学选班制实施方案（第五稿）》（2010 年版）中表述得非常清楚："由'分班'到'选班'，是学校办学进一步走向民主、科学的重要举措，也是'蠡中教育'品牌'建设积

---

① 2006 年修订通过的《中华人民共和国义务教育法》第二十二条规定："县级以上人民政府及其教育行政部门应当促进学校均衡发展，缩小学校之间办学条件的差距，不得将学校分为重点学校和非重点学校。学校不得分设重点班和非重点班。"第五十七条又对违反第二十二条应承担的法律责任作出规定，即"学校有下列情形之一的，由县级人民政府教育行政部门责令限期改正；情节严重的，对直接负责的主管人员和其他直接责任人员依法给予处分：（一）拒绝接收具有接受普通教育能力的残疾适龄儿童、少年随班就读的；（二）分设重点班和非重点班的……"

② 丛立新，黄华. 三问分数 [M]. 北京：教育科学出版社，2010：34-35.

极情态，追求高效学习'的重要策略，更是在'适合自己的才是最好的'这一本质意义上理解教育均衡、实施因材施教的重要体现。蠡园中学的课堂教学，十分强调学生的自主性。学生的学习是有差异的，这个差异不仅表现在学习成绩上，更主要的是表现在学生学习情态上，也就是说，学生的学习习惯、学习态度、学习方法等方面有着明显的差异。只有尊重差异，才能客观地改变差异。蠡园中学的选班，没有好班、差班之分，也没有重点班、非重点班之分，适合学生的班级才是最好的班级！"

对于"情态选班制"的精髓，作为开创者的邱华国校长有一番形象的比喻之言：

有的学校是选"厨师"，让学生选老师，我不赞同这样的做法。因为我们学校的产品是课程，应该选课程，选这个"菜"，而不是选"厨师"。我选择这个"菜"了，你给我配符合这个"菜"的"厨师"就是了。比如说"非常自主班"，难度应当适当提高一些，培养学生的创新能力、自主能力，这些学生就是要配这样的"厨师"。再比如说"情态强化班"，很多孩子是连作业都不交的，很多老师就很认真、很善于做学生工作，让学生先交完作业再说，这些老师对于他们来说，就是好老师。有些老师上课可能很好，但是他管学生不一定能行。我们学校有这样的老师，还不止一个两个。这里面有一个教师匹配问题，即老师跟学生和课程教学的适配问题。我在小学做校长的时候感觉到，有的老师很有水平，但是他不会组织学生。如果我们让他去带一些很自觉的学生，相对自觉的班级的学生，那他就会很出彩。

在自主预备班、自主学习班和情态特助班三种不同类型的班级中，学生依据什么来判断自己适合哪类班级呢？学校通常在7月中旬，就对已录取的初一新生及其家长下发一个"选班预告"，让新生及其家长对"选班制"有详细的了解，做好心理准备。在每个新生及其家长有了"选班"的心理准备后，入学伊始，学校就对学生进行生活与学习情态、学业基础情况调研，调研结果出来以后，分发给每位学生一份"无锡市蠡园中学初一新生'情态选班'家校交流表"，最终由学生及其家长结合学校的参考建议来选班。2010年蠡园中学的"选班预告"如下所示。

各位家长、各位同学：

由"分班"到"选班"，是我校办学进一步走向民主、科学的重要举措，也是"蠡中教育"品牌"建设积极情态，追求高效学习"的重要策略，更是在"适合自己的才是最好的"这一本质意义上理解教育均衡、实施因材施教的重要体现。

近年来，我校在全体学生与家长的大力支持下，在上级相关部门的关心、指导下，借鉴兄弟学校宝贵经验，进行了由"分班而教"到"选班而学"的教学改革，为学校"中负担、高质量"的追求以及"六助"课改的深入推进奠定了基础，并受到了广大家长、学生的欢迎，也得到了全国、省、市相关专家的高度评价。

今年，我校将进一步把此项工作推向深入。现将"选班"相关安排告知如下。

1. 8月18日上午学生7：45来校，8：00开始接受生活与学习情态、学业基础情况调研（请带好必要的文具用品，如圆珠笔、直尺等），预计11：30左右结束。

2. 8月24日晚18：45，在学校体育馆召开"无锡市蠡园中学2010年选班家校交流会"，全体初一学生及家长参加。学校将就班级开设菜单、师资配备情况及相关具体操作事宜与家长进行充分交流，家长与子女进行协商后填写"选班"意愿。

3. 8月25日接受家长"选班"咨询。

4. 8月26日"选班"结束。

2010 年 7 月 18 日

"生活与学习情态调研问卷"中的"学习情态"主要包括了学生的学习兴趣、态度、方法以及习惯，其中学习方法和习惯的养成最为重要。毕竟，对于初中生而言，良好的学习方法和习惯是学有所得的前提和保障，它是检验学生已有的学习基础以及今后的学习潜力的一个重要内容。当习惯建立起来以后，会逐渐变成潜意识的行为模式，一种好的行为习惯让人受益终身。在现实生活中，我们经常能够发现有些孩子的习惯很好，做题有条理，学习有效率，平时也不见他有多么努力，但是学得很开心也很轻松，成绩非常突出；反过来，有些孩子却总是拖拖拉拉，效率很低，成绩也很不理想。从这个意义上来说，蠡中人从方法和习惯入手，为每一位学生建立自己的情态数据库，让学生们根据自身情态水平选择适合自己的班级，无疑是合理有效并且富于科学精神的。他们根据对学生学习情态、学习习惯、学习能力和学习成绩的综合调查分析，开设自主学习班、学力强化班、英语强化班、微机助学班等个性化班级，并根据班级的不同情况调整课程、配备师资，以尽最大可能保证每一个孩子在这里得到适合他们的发展。①

选班菜单上详细开列了可供选择的班级类型，并对每类班级的预设班级数、主要服务对象、师资特点、教育教学特色和班级的"加餐课程"（即增加的特色课程）进行了说明。不仅如此，学校还根据每一位学生的情态调研资料给出了选班建议。家长们不禁感叹：孩子分到哪个班，似乎从来都是学校的事，哪有家长也能做主的？学校的这种做法，不仅让家长们感到很新鲜，也让他们感到来自学校的信任与尊重，很多家长都在规定栏目里写上了对学校的建议和期望。②

二、"当量教育"：学生发展的最优境界

对于可选择性教育的探索不只是蠡园中学一枝独秀，它也是华庄中学的一大重要改革举措。2002 年 7 月，当时的锡山区华庄高级中学初中、高中分设，初中部更名为无锡市华庄中学，巡塘初中、建国初中同期并入，学校成为滨湖区规模最大的初中。自完中脱胎而来的华庄中学，其教育的价值取向存在着严重的缺陷。不少教师认为传授知识是学校教育的全部，学习是学生唯一的任务，分数的高低决定学生的荣辱。为了提高学生的分数，教师往往采取"题海战术"、"人盯人战术"，在不断的内耗中消磨了学生的创造性、自主性和自信心，而教学效果却并不理想。2009 年年初，校领导班子对学校师资水平、学生学业基础、师生情态、教育管理等进行了充分调研和分析。经过半年的思考和酝酿，2009 年 9 月起，学校开展了"当量教育"这一创新性的研究与实践，通过对教育、教学因素的细分，寻找管理层、教师、学生"三位一体"的发展路径，充分调动了全校师生的积极性，促进了办学水平的快速提升，实现了跨越式发展。

---

① 丛立新，黄华. 三问分数［M］. 北京：教育科学出版社，2010：40.
② 丛立新，黄华. 三问分数［M］. 北京：教育科学出版社，2010：44.

"当量"是一个科学术语，指与某标准数量相对应的某个数量。教育存在最优的境界，就是个人的兴趣爱好、个性特长、目标追求和学校的教育方式、目标追求高度一致，这时候，往往会实现教育成本最小化而教育效果最大化。基于这样的认识，华庄中学提出了"当量教育"的设想。"当量教育"就是在学生原有的学习基础上，根据学生实际进行因材施教，突出"适合的就是最好的"这一理念，力求使每位学生在原有基础上都有一定的发展和提高的一种教育。其基本策略是：尊重人在自己发展中的主体地位，关注学生的个性差异和原有基础，给学生创造更多的学习选择机会，提供给学生更多的自由发展空间，努力为每一位学生提供适合自身发展的教育（含教育方式、教学手段和教育环境等）。在华庄中学的邱菊琪校长看来，只有在教与学相互匹配的时候，师生的积极情态才会高涨，教与学之间才能发生我们所追求的"当量反应"，每个学生才会在自己的最近发展区内得到最充分的发展。[1]

正是在这一理论指导下，学校自2009年9月开始在全年级的数学、英语学科中，分别开设"标准课"、"探索课"、"研究课"三种不同的课型，通过"选课走班"实施"当量教育"。"选课走班"是对传统行政班教学的一种突破。它让学生在选择适合自己发展的课型的过程中，认识自我，发展自我，从而增强教学的针对性和有效性。经过一个阶段的学习，学校将根据学生的学习情况做"适合性"调整，使所选的课型更符合学生的学习基础。

(一) 课程设置：变"桌餐"为"自助餐"

由于学生学习水平主要在数学与英语两门学科上两极分化比较严重，因而学校在这两门学科上开展了"选课走班"的课程改革，分别开设"标准课"、"探索课"、"研究课"三个课型。"标准课"是按国家课程标准的要求，达到课程标准所规定的教育、教学基本目标，教学内容体现基础性、普适性；"探索课"是在完成课程标准规定的教育、教学基本要求的基础上，进行一定的拓展探索，教学内容带有一定的综合性和探究性；"研究课"是在学生完成基础知识自学的基础上，适当超课程标准、超进度教学，

---

[1] 邱菊琪，浦建军. "当量教育"：追寻适合学生发展的教育 [J]. 江苏教育研究，2010 (9C)：37.

教学内容具有一定的灵活性、技巧性和创新性。在教师的指导和家长的建议下，学生自主选择最适合自己学习基础、学习能力的课型，到相应的教室上课。另外，由于学生在音乐、美术等方面会表现出不同的兴趣爱好，加之在20世纪90年代的完中时期，华庄中学的艺术小班教育在全省乃至全国都享有良好的声誉，音乐、美术学科的师资和教育装备在滨湖区均为一流，因此，音乐、美术学科成为"选课走班"教学的又一个重要阵地。学校开设了不同教学内容的小班艺术特长课，音乐学科开设了声乐、舞蹈、器乐等课程，美术学科开设了书法、绘画、工艺美术等课程，由学生根据自己的兴趣特长自主选择喜欢的课程。

（二）课程选择：变"单方行动"为"多方会谈"

为了帮助学生选择适合自己的课型，学校主要分三步走：第一步，告知学生和家长三种课型及其不同培养目标，同时也明确同一年级小组内，教师是跨课型教学的，教师资源是均衡分配的；第二步，学生在家长的指导下，根据自身的学业水平、学习能力自主填写"选课志愿表"；第三步，班主任、任课教师根据学生上报的"选课志愿表"和学生的学业水平、学习能力，与学生、家长商量确定学生学习的课型。由于引导合理，学生所选课型基本符合学生原有的学业水平和能力水平。2009年9月，初一年级英语、数学学科实施"选课走班"教学。初一年级共分为三个小组，每个小组各由4个班级组成。其中，在数学课选择上，第一小组的133名学生中，上"标准课"的为27人，上"探索课"的为68人（分为两个班），上"研究课"的为38人，三种课型的学生数呈正态分布，没有出现大部分学生争上"研究课"的现象。

（三）课程实施：变"众口难调"为"统筹兼顾"

在"选课走班"教学中，学校以编写教学案为切入点，在明确三种课型不同教学目标的基础上，重点采用流程优化、作业可选等策略。相较于传统的"一课走天下"，"标准课"、"探索课"、"研究课"三种课型因其教学内容的难易程度与学生自身的发展水平相契合而课课精彩。

实施"选课走班"，同一学科不同层次的教学，不仅教学目标、教学内容有区别，教学流程和相应的教学方法也有所不同，从而更加突出教学的针对性和实效性，提高教学的效率和效益。"标准课"教学在流程上采用先师后生的做法。教师先讲解，学生后练习，教师先示范，学生后模仿，把重点放在解答学生学习中的疑难问题上，帮助学生树立学习的信心，通过生动有趣的课堂教学，充分调动学生的学习积极性。其特点是：低起点，浅讲解，多练习，补漏洞。"探索课"教学在操作流程上采取灵活机动的办法，给学生更多展现自我的机会，提高学生的学习兴趣和积极性，从而提高教学的实效。"研究课"教学在操作流程上采用先生后师的做法：学生先学，教师后教；学生先看，教师后问；学生先练，教师后评。教师的作用在于为学生的学习进行引导、启发、点拨、纠正。教师提供足够的问题情境，创造丰富的学习活动，让学生主动地参与活动，独立地解决问题。其特点是：先预习，多引导，深挖掘，讲自主。

作业是课堂教学反馈的常用形式。根据目标层次和学生层次，设计对应的分层作业题，使相关作业置于各种层次学生的最近发展区。"标准课"作业重在掌握和巩固基本知识，培养基本技能，使得各层次学生都能达到课程标准规定的基本要求，保证上"标准课"的学生能保质保量完成作业，减少心理压力，增强自信心和成就感。"探索课"作业侧重基础知识的熟练掌握，培养学生运用知识的能力，适当增加难度或进行变式练习。"研究课"作业重在拓宽学生思维，培养实践能力和创新能力，达到课程标准规定的较高要求，让那些"吃不饱"的学生不断提高创造性思维和应变能力，从而满足其旺盛的求知欲，提高学习兴趣。

三、不把错误概念带回家：平凡的坚守

相对于蠡园中学和华庄中学这样有一定优势的学校，南湖中学是一所新兴校，2010 年开办，2013 年才开始第一届初三学生。全校 67% 的学生都是外来人员子女，缘于周边环境、人口素质等因素，学生综合能力相对较低。鉴于此，杨大椿[①]校长没有提什么宏伟的口号，更没有什么别出心裁的理念，而是基于外来人员家庭及其子女学习状况，开始致力于靠踏实、质朴、人文关怀来提升学生素养。他说："我只希望自己在退休之前好好做些

---

① 杨大椿于 2011 年 8 月起由蠡园中学调至南湖中学，任校长。

事情，做点实实在在我能改变的事。""不把错误概念带回家"就是杨校长提出的最务实、最平凡，也最让我们感动的理想，这无疑是建立在对教育最深刻的理解之上的。从对杨校长的访谈中我们可以切身感受到他对外来人员子女的强烈关怀和对教育的坚守。我们把访谈内容摘录如下，相信每一个教育人都可以从中受到启发。

我刚过来的时候拿到一个名单，67%的学生都是外来人口。我8月3日调来学校熟悉工作后，8月25日市教育局给我打电话说再给我们学校93个学生，我立马顶回去说不行。30日的时候，区教育局的钱局长又跟我说，这93个学生是在蠡园中学附近中桥地区的大桥民工子弟学校的学生。这所学校是一个安徽人办的小学，每个学期只要350元，而且没有学区限制，全市的孩子都可以上。后来教育局不允许他办了，结果这批孩子没办法，没人要了。给谁？没有学校愿意收。这93个学生就像被扔南瓜一样，一扔就扔过来了，而且这些孩子们已经习惯了经常更换老师。

他们身上的优缺点很明显：优点是原生态，真的是一种没有"被污染"的感觉，本地的孩子经常是老师进去了他们也不看你，而这些孩子就是一直睁大眼睛看着你、关注你，这就说明他们还有充分的学习能力。缺点是他们知道的东西确实太少。比如，我教英语有一堂课介绍专有名词，我就讲了一个KFC（肯德基），问有几个人听过，结果一个班几十个人只有几个人举手。然后，我说就是肯德基，好像有反应了，之后我让进去过的举手，45个人只有9个人举手。我再让进去后吃了肯德基的举手，结果只有6个孩子。一个班45个学生中只有6个学生吃过肯德基。后来我就联系学校旁边肯德基店的老板，给他发了一些我们学校的信息、孩子的信息等，后来就把孩子带过去体验了。这些孩子们会一直看着你、听你说，可是当你问下去就没了反应。我知道对这些孩子来说，课程设计上的要求太高了，所以要先放低要求。观察了一段时间后，我们发现这些孩子并不知道如何与人打招呼、问候沟通，比较腼腆，后来我就带着我们的副校长、中层干部每天早上7点钟出现在学校门口，见一个学生叫一声"你好"、"你早"，学生没有反应就不停地叫，直到学生也回一句"你好"。后来我们发现有70%的学生都开始转变，学会了问候。这个不是可以机械灌输的，而是一种慢慢形成的习惯。第一学期做了这个教"问好"的事，第二学期我们就开始有了一些规定，比如，男孩要注意勤洗脚、女孩要注意保持头发整洁，我把这叫作"管头管脚管指甲"，先从学生们的仪容仪态开始改变，慢慢建立起他们的个人卫生习惯，由表及里，进而培养他们的自信。教育一定要先培养孩子的自信，如果自信都没有了，那就不要谈教育均衡，根本没办法均衡。但是要做到这样，对我们的要求很高，有很多事要去做，我觉得我们至少要让他们以后回忆起南湖中学时，对这所学校是有好感、有所感激的。

在学习方面，我之前说过，对他们的要求、定位不要太高，确实有的孩子可能以后上不了大学，那让他去职高学门技术也是很好的，所以在教学这一块儿，我也有一句口号：不把错误概念带回家。

我们家访一下就知道有的孩子的家庭环境确实是你根本想象不到的，几户人家租一套房，三个房间住三家，客厅、卫生间都共用，如果有个储藏间，如果三户人家都是女孩子，那就有可能三个女孩子住在一个储藏间里。孩子们没有条件，他们能把作业交上来就已经是对老师的一种尊重了。所以我们不允许老师拖堂，要留下几分钟给学生做作业，中午有时也鼓励孩子写作业，我们老师们中午也都会留在教室里，如果有学生提前写了作业，那就直接批改了。这些孩子中，只有15%左右懂一点电脑知识。我们认为，学生如果到了初中还不接触电脑就落后了，所以又专门设了一个电脑室，发展到现在，学校成了江苏省124所数字化教学试点学校之一。我就是想：要好好地培养这批学生，既然不一定是要上大学，学校就可以在初二、初三的时候有意识地引进一些技术类课程，或者带领孩子到周边的技术学校参观。我们南湖中学如果说能培养一批好的技术工人，也是件令人自豪的事，最起码这些孩子以后会记得学校的好。

什么叫"遵循儿童的身心发展特点"？什么叫"遵循教育发展规律"？从杨校长上述质朴、务实的谈话中可以找到其精髓！践行"因材施教"的教育原则，实乃滨湖教育之大幸，社会之大幸！

四、从"选课走班"到"走校"：可选择性教育的理想

为提高外来人员子女教学效果施行的选课走班制，在承认和尊重学生个别差异的基础上，让学生享有适合其发展的教育资源，以得到最优发展。

这在一定意义上真正实现了基于需求的教育公平，使每一个学生都得到充分发展，达成了公平与高质量的双赢的效果。然而，滨湖人并不满足于某一学校内部的选班而学、走班而教，他们有更高的理想和追求，那就是在各个学校均衡、有特色发展的基础上，从"走班"到"走校"，真正给每个学生提供可选择的教育。

"走校"并非我们现在意义上的择校。按时任区教育局局长钱江的设想，将来的学生都是先在一所学校注册学籍，然后可以根据自己的兴趣爱好去"走校"。基本的设想就是某个课程在每周某个固定的下午可以向学生开放，允许其"走校"。比如，A学校是书法特色学校，开设书法课，某位同学想学书法，但他注册的学校不是书法特色学校，他就可以根据自己的兴趣去有书法特色的那所学校上其开设的书法课。由区里统一协调安排，学生们在每周某个固定的下午进行"走校"，一般不会打乱学校的正常教育教学秩序，是具有可行性的。未来的滨湖就是要给学生和教师可选择的教育，从"走班"发展为"走校"，而不是择校。

可选择性教育的理想状态就是创建生态课堂，学生不仅可以选择课程、选择班级、选择教师，更应该选择学校，完全根据个人的发展、兴趣特长爱好去"走校"学习。这正如时任区教育局副局长吴洵如所说的：

我们现在追求公平，公平的落脚点在哪儿？最终落脚点就是你得到了发展，我也得到了发展。公平和质量这两者不是两派，质量是其出发点和落脚点。从我们国家大的发展方向来看，现在实施九年义务教育，起点公平已基本解决，但过程公平尚未得到足够重视。分层教育以及学校里进行的教学模式改革探索，其出发点就是关注过程公平。

我在当老师时，有一个例子给我很大启发。有一个学生平时学习成绩不怎么样，但在一次考试中，有一道题挺难的，平常成绩好的学生大都没做出来，而那位学生却做得很好。我就问他为什么做出来了，他说做题的时候，他就想到自己上实验课的时候做实验的情形、发生的现象，于是就做出来了。这说明这个学生他不是通过看实验、背实验记知识，而是亲手做实验才记得牢固。这个例子说明学生的学习方式是不一样的，有的喜欢看，有的喜欢听人讲，有的喜欢讨论，有的喜欢动手实验。

现在学习模式也要多样化，我们提出了生态教育，正在考虑是不是要提出一个生态课堂。"生态"意味着多样化、多元化、选择性和可持续，我们课堂教学模式的改革出发点也在这里。老师的教法应该多种多样，让不同的学生都能获得适合他认知特点的教学；学生的学习模式也要多种多样，在这样一个可选择的环境当中才能够更好地学习、更好地成长。

　　"任何公民都平等地享有受教育权利"所表征的教育机会均等原则，不仅是国际社会普遍公认的教育理想，也是被国际法准则和各国国内法所确立的基本原则。其中，进城务工人员随迁子女、残疾人、经济困难家庭子女、偏远少数民族地区儿童等处于社会不利地位的弱势群体能否真正与其他社会群体享有平等的受教育权利，成为一国公民受教育权利保障和实现状况的重要标准，也是一国人权状况的重要指标。联合国教科文组织教育丛书之一《学会生存——教育世界的今天和明天》中有一段非常经典的话，值得我们深思："同公平合理完全相反，那些最没有社会地位的人们往往享受不到普遍受教育的权利——在这方面现在文明过早地引以为荣了。在一个贫穷的社会里，他们是首先被剥夺权利的人；而在一个富裕的社会里，他们是唯一被剥夺权利的人……不管教育有无力量减少它自己领域内个人之间和团体之间这种不平等的现象，但是，如果要在这方面取得进步，它就必须事先采取一种坚定的社会政策，纠正教育资源和力量上分配不公平的状况。"[1]

　　这既是滨湖教育持续关注的问题，更是中国教育必须面对的问题。

---

　　[1]　联合国教科文组织国际教育发展委员会. 学会生存：教育世界的今天和明天 [M]. 华东师范大学比较教育研究所，译. 北京：教育科学出版社，1996：101-102.

第六章

刚柔相济：为滨湖教育高位均衡发展保驾护航

制度不是挂在墙上的，更不是口号，它在具体操作过程中
需要情与理的支撑，更需要文化来保障；制度和
人文需要保持平衡，刚柔相济方显制度
"规范与引领"之本色。

教育管理体制和机制创新是区域教育可持续发展的重要保障。近几年来，滨湖不满足于现状，又在内部管理体制和机制方面进行了有益的尝试。"敢于对自己下狠手"的管建分离和公务用车改革使高位均衡向更加纵深方向发展。除此之外，滨湖对师德水平这一软实力从未放松过，"制度规范和价值引领"这种刚柔相济的治理理念为滨湖教育持续高位均衡发展保驾护航。

第一节　内控机制：分权制衡中谋公平发展

滨湖教育人充分认识到权力集中的弊端，2010年5月，出台了《滨湖区教育局关于建立权力运行内控机制的实施意见》，明确提出"建立健全结构合理、配置科学、程序严密、公开透明、制约有效的内控机制"，以制度建设为抓手，以改革创新为动力，保证权力正确行使，为促进滨湖教育和谐发展、高位均衡发展提供有力保证。

一、内控：何以必要

内控机制也叫内部管理控制体系，其实质就是一种规避风险、使权力运行得以控制的内部管理机制。"控"主要是针对权力而言的，即分权制约。例如，在新教师招聘过程中若干部门参与其中，将命题、笔试、面试等环节分别交由不同的部门负责，而不是一个人说了算，这种分权制衡有助于保障其公平性。更重要的是，每个部门、每个岗位都有明确的岗位职责，每个人对自己的工作职责清清楚楚，权责分明，有章可循。对滨湖教育来说，内控主要是指教育局内部或某一学校内具体的岗位、职权的科学配置。教育局内部的实施对象包括各科室，人事任用、资金使用、政府采购等权力事项和行政许可、行政审批、行政处罚等法定授权的各种行政权力是内控机制建设重点。2010 年 8 月滨湖区教育局编印的《内控体系资料汇编》主要由四个分册组成：一是党风廉政监督，包括决策统领、廉洁自律和教育监督 3 大类 25 项内容；二是工作流程、风险排查与控制，从重大事项决策、中小学校收费监督、教师资格认定到票据管理共 45 项内容，事无巨细，且每一事项大致都包括工作流程图和风险识别与控制两方面内容，流程清晰，责任明确，一目了然；三是工作职责和职位说明，包括区教育局机关和区人民政府教育督导室工作职责及各岗位职责，共 41 项内容；四是规章制度，包括区教育局机关、区教育系统内部管控制度和教育督导管控制度 3 大类 115 项内容。仅"教师队伍建设类"管控制度就有 21 项之多，涉及教师聘用、新教师考核录用、师德规范"十要十不准"、有偿家教"六不准"、轮岗交流等方方面面。具体包括：

(1)《关于对我区中小学（幼儿园）新教工试行人事管理的意见（试行稿）》；

(2)《关于下发〈无锡市滨湖区教育系统教职工聘用合同制实施办法〉的通知》；

(3)《2010 年无锡市滨湖区教育系统招聘新教师考核录用办法》；

(4)《滨湖区教师师德规范"十要十不准"》；

(5)《关于在职教师从事有偿家教"六不准"的规定》；

（6）《关于认真做好 2007—2009 学年度滨湖区优秀教育工作者评选工作的通知》（2010 年 9 月修订）；

（7）《关于进一步推进我区教师轮岗交流工作的意见（试行稿）》；

（8）《关于全面清理在岗教师中无教师资格证人员的实施意见》；

（9）《关于进一步加强干部人事档案管理的工作意见》；

（10）《滨湖区教育系统干部人事档案管理规定》；

（11）《无锡市滨湖区中小学校教职工岗位设置意见》；

（12）《印发〈无锡市滨湖区骨干教师管理办法（试行）〉的通知》；

（13）《滨湖区中小学骨干教师管理办法》；

（14）《滨湖区中小学骨干教师奖励办法》；

（15）《关于滨湖区中小学骨干教师奖励办法的补充说明》（2009 年 9 月修订）；

（16）《无锡市滨湖区教育局关于成立"名师工作室"的实施意见》（2009 年 4 月修订）；

（17）《关于成立滨湖区第二批"名师工作室"的决定》；

（18）《"滨湖教师研修网"管理制度（讨论稿）》；

（19）《关于进一步加强中小学学科教研组建设的意见（试行）》；

（20）《关于印发〈滨湖区中小学青年教师教育业务"三达标"实施意见〉的通知》；

（21）《无锡市滨湖区教育创新、创优奖励办法》。

　　学校层面的内控，同样意味着教学、德育、后勤等所有部门的每一项工作都要做到权责分明，有章可循。我们以滨湖中心小学为例，其 2012 年 3 月编印的《学校内控体系手册》分为学校章程、机构职能和岗位职责、规章制度、工作流程与风险控制四个部分，涉及办学方向、办学目标、学校管理、学校各部门职责和规章制度，是学校内部管理的有效依据。这样一套内控体系的必要性何在？我们从其编印者、学校校长谢廷峰的"心得"中可以找到答案。在谢廷峰校长和他领衔的滨湖中心小学领导班子看来，内控体系的重要性集中在以下三方面。

　　（1）定岗定责，一目了然。在现实工作中，有了明确的岗位职责，每个人对自己的工作职责清清楚楚，有章可循，大大提高了责任意识；另外，铁打的营盘流水的兵，每个岗位的人员流动性是很大的，有了明确的岗位职责，无论是谁，无论到了哪个岗位，都能马上找到明确的工作定位，大大缩短了适应、磨合的过程，不必再"在黑暗中摸索"，提高了工作效率。

（2）梳理制度，与时俱进。通过对现有制度的梳理、整理，可以发现一批已经失去现实意义或者已经不合时宜的规章制度，需要淘汰或者进行修订，同时还能发现现有制度的缺失，以便着手建立健全它。

（3）流程规范，规避风险。制定科学的工作流程，使工作更顺畅、执行更规范，严格按照流程操作，就能很好地规避许多风险。风险点的识别，就是一次很好的自我教育，增强自律意识和自我防范意识；制定风险控制措施，就是一次很好的业务培训，提高规避风险和即时应对突发情况的能力。例如，了解公务用车的审批、用车过程的安全保障，照章办事，风险系数就会明显下降。

二、实施内容：科学配置，相互制衡

滨湖教育局权力运行内控机制建设主要包括以下四方面内容。

（1）科学配置权力。坚持职权法定、精简高效，科学合理配置内部权力结构，对涉及人、财、物和法定授权的行政权力，从决策、执行、监督三个环节进行适度分解。根据职位，明确界定职权的行使内容和行使范围，明确每个岗位的权力和职责。建立健全岗位责任制、服务承诺制、限时办结制、失职追究制及考核评价等工作制度，形成规范、统一、配套的制度体系。

（2）优化权力流程。明晰权力运行的轨迹，绘制工作流程图。在对冗余环节进行删减的同时，对以往权力运行流程中过于简化、权力过于集中的部分增设环节，分解权力。量化控制标准，建立办结时限和工作质量标准，明确每项工作的工作量标准和最高误差率标准，保证下道程序对上道程序的控制和每道程序之间的相互制衡，实现"简化程序、优化路径、固化标准"。

（3）实现透明运行。制定权力网上运行方案，实现接办分离、程序公开、全程留痕。对行政许可、行政审批、行政处罚等各项行政权力实行网上实时监督，对单位内部的人事任用、资金使用、政府采购等事项，均按照规定进行公开，接受监督。

（4）严格责任追究。坚持有责必问、有责必究，健全问责制度，进一步明确对权力行使内容、程序和相关制度规范的考核评价，对权力运行内控机制建设措施不到位、超越或者滥用职权、不认真制定风险预控制度、重大权力事项故意不纳入内控机制范围、故意规避监督以及其他不当或不作为并造成严重后果的，根据情节轻重，对有关责任人实施批评教育、责令做出书面检查、通报批评等责任追究。

三、新教师招录：内控机制运行的典范

新教师招录是滨湖区教育局廉政风险防控的重点领域，近年来，区教育局以建立部门内控机制为契机，梳理新教师招录工作流程，排查权力风险，完善防控措施，把违规违纪现象遏制在萌芽状态，有效规范了教师招录工作，促进了教师队伍建设的良性发展。新教师招录可谓内控机制运行的典范。

1. 优化流程、防控风险，实现由"零敲碎打"向"系统运行"转变

为防止新教师招录过程中权力运行"脱轨"失控，促进权力按照科学严密的程序规范运行，区教育局按照岗位、环节之间相互关联制约的原则，合理简化、合并或增设工作流程，科学设计、绘制工作流程图，明确权力运行的岗位、环节、步骤、时限和要求，使权力运行轨道、工作运转程序更加清晰可见。主要表现在：

（1）梳理招录流程。对新教师招录流程进行了全面梳理、优化，绘制了工作流程图。

（2）明晰监控重点。对招录计划、资格审查、笔试、上课测试等容易出问题的环节实施风险点排查，共梳理出 27 个风险点。

（3）完备风险防控。按一个风险点一套防范方法的原则，制定了完备详细的防范措施，对每一个风险点的防范均做到四个明确，即明确"谁防范"（明确防范主体）、明确"怎样防范"（明确每个风险点的防控方法）、明确"何时防范"（明确防控的具体时限）、明确"防范什么"（既检查职责是否履行，又检查职责履行得怎么样）。

2. 科学授权、合理分工，实现由"单兵作战"向"整体联动"转变

最初，新教师招录由组织人事科负责具体实施，凡事一竿子到底，这

样做使得权力过于集中，容易造成暗箱操作、权力失控。为此，决策层逐步意识到分权的重要性，将新教师招录过程划分为若干环节，并根据每个环节侧重点的不同，把相应的管理职责和权力交给相关的职能部门，确定了以专业职能部门为主体、两个以上部门或三个以上岗位共同参与的多级联动网络。通过建立有效的权力制约链条，使得教师招录各环节在纵向上至少要经过上下两级，横向上至少要经过两个不相隶属的部门，使内控机制建设延伸到每个岗位和每个工作环节，构建齐抓共管、相互制约、相互监督的工作格局。与招录环节相对应的责任部门及协作部门详见表6-1。

表6-1　新教师招录工作分解一览表

招录环节	责任部门	协作部门
制定新教师招录意见	组织人事科	局纪委、基础教育科
报名	组织人事科	局纪委、党政办公室
笔试	招考科	组织人事科、教育研究发展中心、局纪委
面试	教育研究发展中心	局纪委、组织人事科
体检	卫生保健所	局纪委、组织人事科
双选	需求学校	局纪委、组织人事科
签约	需求学校	局纪委、组织人事科

3. 多元监控、规范运行，实现由"无序控制"向"有序控制"转变

滨湖区教育局在新教师招录过程中注重多元监督，构建立体监控网络。

（1）全程公开，接受社会监督。在滨湖教育信息网上公开新教师招录意见、笔试和上课测试成绩、体检结果、入围名单等信息，全过程接受社会监督。

（2）制衡权力，加强纵向、横向监督。通过合理分权、细化流程，加强职能部门之间的横向监督和制约。另外，教育局还主动对接，实行纵向监督——区人保局、区纪委（监察局）全程监督。招录意见、计划须经区人保局、区纪委（监察局）审定；面试考官提前半天由区教育局、区人保局、区纪委（监察局）三家共同在专家库中随机抽取；笔试和上课测试组织过程由区人保局、区纪委（监察局）进行巡查；邀请人大代表、政协委员、行风监督员全程监督；由教育局牵头，联合区人保局、区纪委（监察局）对各学校的"双选"过程进行随机抽查。

（3）创新手段，加强技术监督。注重运用信息化手段，减少和消除人为操纵因素。开发考生信息录入电子平台，确保考生信息准确；开发考生成绩录入比对程序，确保成绩录入正确；设计考官抽取系统，确保考官的选择客观、公正。

自推进内控机制建设以来，新教师招录工作程序进一步规范，风险防范机制不断健全，招录工作实现零投诉，未发生一起违法、违纪事件。随着各项权力内控机制的不断完善，廉洁高效的教育生态环境已渐趋成型。

内控机制的实施，不局限在教育行政部门，每所学校也都相应建立健全了适合本学校特点的学校内控体系。① 这意味着不仅教育行政部门工作人员明确了自己的权责，而且学校所有教职员工都对可以做什么与不可以做什么、应该做什么与不应该做什么、怎么做与做到什么程度以及未履行义务或违规行为需承担的责任等事项有了明确认知。正如时任区教育局办公室主任徐仲武所说："教育管理也由过去仅凭个人好恶和依赖当权者的德行素养的初级水平，转向依规用典的科学水平。如果说'口口相传、四处打听、小道消息、潜规则、暗箱操作、一手遮天'是以往教育管理的常态，那么现在我们则试图通过'内控'来形成一种'文案'性质的东西，使之在'规定动作'的基础上有'自选动作'，而不是仅仅通过口口相传。这样就对权力做到制约，使岗位、职权更为清晰明确，提高了办事效率，降低了廉政风险。"特别是学校，教代会审议通过的学校规章制度，使得学校的制度文化建设也有了氛围。老师进校的第一天通过学校的内控管理体系就能明确地知道自己的权责，而不用四处打听。教师很快就能感觉自己是其中的一分子而融入这所学校，这就是一种内控机制创造的文化氛围。

内控机制实施两年来，如果说还有什么需要改进之处，在徐主任看来，

---

① 以无锡市滨湖中心小学编印的《学校内控体系手册》为例，共分学校章程、机构职能和岗位职责、规章制度和工作流程与风险控制四大类。其中，"学校章程"部分包括"总则"、"办学宗旨和培养目标"、"学生的权利与义务"等14项内容；"机构职能和岗位职责"部分包括"党支部工作职责"、"教导处工作职责"、"校长岗位职责"、"公会女工委员岗位职责"、"保洁员岗位职责"、"食堂炊事员岗位职责"等67项内容；"规章制度"部分共分为行政管理、组织人事、绩效考核、教学管理、招生与学籍管理、教育科研、队伍建设、课程管理、德育管理、财务管理、资产管理、专用室管理、安全管理、工会管理、教育督导、档案管理和分校管理等17类145项；"工作流程与风险控制"部分包括行政管理、组织人事、绩效考核、教学管理、学籍与招生管理、教育科研、队伍建设、德育管理、财务管理、资产管理、安全管理、工会管理、教育督导、档案管理和信访办理等15类100项内容。可谓事无巨细，规范有序，一目了然。

那应该是法律在赋予教育局职权时应该更明确该做什么、不该做什么——

比如我们提校本提升战略，从一个层面上感觉教育局应该做点什么，也意识到要放手让学校去做。那么，在这种外部权力运行和内部权力运行中，在法律框架之内，如何去平衡？再比如说课程管理，我们很多省、市教育局在做校长做的事情，包括滨湖区也一样。以前我做校长时，局里来领导视察课程，结果刚好那个上午的第二节是体育课，当时领导就很诧异地提出："你们怎么能把上午第二节安排成体育课？"我当时也驳了回去："为什么不能把第二节安排成体育课，难道因为上午是黄金时间所以只能上语数外不能上音体美了吗？"这就说明我们教育局的很多限制是有问题的，制度设计也是有问题的，上级对下级也缺乏信任……当然，很多根深蒂固的东西不是一下子就能解决的，但我们要渐渐意识到这个问题。学校内部也同样如此，管理者要时不时地反问自己：是不是做了过多限制老师的事情？……

看来，把握好权力的边界，并恰当履责，是内控机制得以更有效运行的基础和前提。

第二节　管建分离：以专业化管理求质量提升

在中小学教育领域，有很多基建项目，如新建学校项目、中小学校舍安全工程（简称"校安工程"）项目、校舍专项改造项目（如校园改造，供水、供电、网络线路更换，室内装修等）、校舍大型维修及定期养护项目等。这些项目的组织实施包括学校建设标准的确定、校舍使用功能的确定和项目中期施工管理以及后期审计等，仅施工管理部分就涉及项目建设质量标准的确定、项目建设资金的支付、项目竣工验收及移交、代建管理费率及支付、项目施工安全责任等诸多事项。这样一些事项，到底由谁来具体地实施建设？由谁进行管理？教育局、学校和基建单位作为利益相关主体，各自的职责是什么？更具体地说，教育行政部门能够做好中期的施工管理工作吗？

在2010年之前，滨湖区在上述基建项目建设过程中，实行的是"管建一体化"模式，即教育行政部门"既管又建"，更确切地说，是"投资、建设、管理、使用四位一体"。时任滨湖教育局基建科科长的许国兴进行了通俗易懂的解释："比如，教育局拿了钱要建学校，那么教育局既要和承建商联系确定怎么用这个钱，和学校进行商量规划，还要在这个工程建设过程中一直盯着，这样就导致职能定位不准，管得不好。"

之所以出现"管得不好"的情况，原因在于"职能定位不准"。我们不能不承认一个事实，那就是教育行政职能是有限的，教育行政部门承担的职能应与其拥有的教育行政资源和教育行政能力相匹配。随着社会的不断发展和教育事务的日益广泛、复杂与分化，教育领域的专业分工日趋严密和细化，事务更加繁杂，教育行政部门已无能力包揽包括学校基建项目在内的教育领域的一切职能。在管理方面，需要专业化组织替代教育行政当局行使一部分专业性非常强的管理职能。教育行政部门只有把一些力所不能及的专业事务交由相关的专业部门去实施、管理，从琐碎的管理事务中脱身出来，将行政职能更多地集中在教育规划、调控和服务上，才能提高教育行政管理的质量和效率。这既是今后教育行政体制深化改革的目标之一，也是将分内之事做到极致的必由之路。唯有如此，教育行政管理才能步入规范化、科学化和专业化的发展轨道。

正是在这个意义上，2012年，滨湖区教育系统基建项目开始实行"管建分离"模式，并于2012年3月发布了《教育系统基建项目"管建分离"实施意见（讨论稿）》（简称《"管建分离"实施意见》），对"管建分离"的实施原则和实施范围及操作细则等做出了明确规定。从《"管建分离"实施意见》中，我们发现了一个简单的道理，那就是"教育的归教育，基建的归基建"，以专业化管理求质量提升。

何谓专业化？根据现代广泛运用的利伯曼关于"专业化"（profession）的解释，所谓"专业"，应当满足以下几个基本条件："一是范围明确，垄断地从事社会不可缺少的工作；二是高度地运用理智性技术；三是需要长期的专业教育和训练；四是从业者无论个人、集体，均有广泛自律性，即在本专业领域内自觉、独立探索工作的态度和精神；五是在专业自律性范围内，直接负有做出判断、采取行为的责任；六是非营利性，以服务为动机；七是形成了专业性的自治组织和社会群体；八是拥有应用方式具体化了的伦理纲领。"[①] 显然，有关

---

① 劳凯声，郑新蓉，等. 规矩方圆：教育管理与法律 [M]. 北京：中国铁道出版社，1997：248-249.

基建项目建设质量标准的确定、项目建设资金的支付、项目竣工验收及移交、代建管理费率及支付、项目施工安全责任等事项不是教育行政部门短期就能够承担的，而是一种需要高度运用理智的技术，更离不开长期的专业训练，除了利用和发挥专业团队从事基建项目建设管理的专业优势之外，别无他途。"管建分离"名为"分离"，实则"联合"，且是强强联合，各司其职。

建设工程的代建制度是国际上通常采用的一种工程项目管理模式。2004年国务院发布的《关于投资体制改革的决定》中明确提出："对非经营性政府投资项目加快推行'代建制'，即通过招标等方式，选择专业化的项目管理单位负责建设实施，严格控制项目投资、质量和工期，竣工验收后移交给使用单位。增强投资风险意识，建立和完善政府投资项目的风险管理机制。"在这个定义里，政府投资建设项目是指政府财政性建设资金以及政府融资性建设资金安排投资的非经营性的公益性建设项目和基础性建设项目。专业化的项目管理单位，即代建单位，要求为具有相应的设计、监理或咨询等资质并经政府投资或建设主管部门认定取得代建许可的独立事业或企业法人。项目的建设组织实施包括编制可行性研究、委托勘察设计及监理、工程招标及合同签订、办理相关建设手续、项目实施过程管理、竣工验收、工程决算、项目移交等，覆盖了除资金筹措与供应以外的建设单位在项目实施阶段的全部工作内容。项目使用单位是指对建成后的政府投资项目拥有具体使用权的单位，如果代建项目为公共设施，则是指承担该设施的管理与维护责任的单位。

代建制的特点是将工程项目由建设单位委托专门机构管理，不仅负责组织设计、施工、材料设备的选型，还直接承担工程全过程的管理和监督职能，由过去工程自管型的小生产管理方式向项目专业化管理转变，项目的工程技术及管理手段也趋于现代化。代建制作为当前工程建设项目投资体制改革和政府职能转变过程中出现的建设体制的创新，克服了以往项目建设管理体制中存在的多种弊端，最大限度地优化了资源配置，是保证工程质量、加快建设周期、提高投资效益的有力措施。从各地代建制实施效果看，基本上实现了对项目投资、标准、工期和质量的有效控制，一定程度上克服了传统体制中投资、建设、管理、使用四位一体的弊端，对提高政府投资项目建设管理的专业化水平和投资效益起到了积极作用。正是由于代建制的上述优势，滨湖 2012 年 3 月出台了《"管建分离"实施意见》，对教育系统的诸多项目实行代建制。

《"管建分离"实施意见》中明确规定，在"管建分离"模式下，教育局、代建单位和相关学校三方之间既明确分工、各司其职，又互相配合、加强协调；通过建立联席会议制度，定期开会研究、协调工作；特别是在项目前期手续办理、中期施工管理及后期审计等多个环节都明确要求加强衔接，保证整个项目建设有序开展、高效推进。

一、教育局：组织协调，监督管理

教育局相关职能部门（基建科）履行的主要职能主要有以下三个方面。

第一，宏观管理。既要有序组织和推进学校基建项目建设，科学制定学校建设标准，正确定位校舍使用功能，积极参与学校设计论证，合理规划各个功能区布局和环境布置，严格执行学校建设规程，积极做好项目建设设项前期工作，又要强化校舍改造、维修的计划管理，加强校舍日常养护管理，切实保障教学和师生生活。

第二，作为委托方，组织协调新建学校、校安工程、校舍专项改造、大型校舍维修以及审核估算金额为 10 万元以上定期养护项目等。组织协调事项主要有以下六方面。①确定代建单位。报请区政府同意，委托本区六大拥有相应专业资质的公司代建，或者报请区政府同意，委托学校所在地政府代建。②签订委托代建协议。教育局和代建单位签订项目代建协议书并报区政府备案，代建协议主要约定的事项有：代理建设的相关工作内容、项目开工建设时间及建设周期、项目建设质量标准、项目建设资金的支付、项目竣工验收及移交、代建管理费率及支付、项目施工安全责任、项目审计单位的约定等。③项目代建过程中重点环节的协调、管理，包括：代建单位委托设计招标，教育局基建科、学校根据建设标准和使用要求参与设计讨论，共同确定设计方案；工程变更的协调、确认和签证；建设资金的筹措与协调；等等。④项目竣工后按标准验收、移交。⑤项目决算报审。⑥核算并支付代建管理费等。

第三，组织领导。区教育系统基建和装备工作领导小组全面领导和指导全区教育基建工作，定期召开会议，研究教育基建工作，并就重大问题做出决策。建立局、科室、学校三级工作网络，明确职责，分级管理，提升全区教育基建工作水平，更好地保障学校教育教学工作。

二、代建单位：按时履约，规范施工

代建单位要根据委托方的要求，特别是按照代建协议中的施工规范和建设要求，按时、保质、保量完成建设任务，同时接受委托方的协调、管理与监督。

三、学校：书面申请，积极参与

相关学校要积极参与学校建设标准的制定、校舍功能使用要求的定位及学校设计方案的论证等前期工作，做好施工现场的协调、服务工作。对校舍专项改造及大型校舍维修、定期养护项目（审核估算金额为 10 万元以上），学校的主要任务体现在以下环节。一是学校依据本校的实际需求，每年 12 月 31 日前提出书面申请。二是项目设计环节，学校要根据建设标准和使用要求参与设计讨论，共同确定设计方案。因为作为使用者，校长对自己学校的发展定位、办学理念有深刻而长远的打算和思考，并力求将自己的办学理念和硬件支撑相结合，因而，学校建设标准的制定、设计、论证不仅要严谨、科学，校长还要熟悉教育现代化标准。比如，蠡园中学的邱华国校长提倡情态教学和课程体系建构，因此，2012 年蠡园中学的修建工程里有很多方面都是邱校长根据自己的办学思想设计的。三是学校在使用方面若有新的要求，需要由学校提出书面申请，以便得到相关部门的确认。另外，对小型专项改造及定期养护项目（审核估算金额为 10 万元以下），《"管建分离"实施意见》规定："学校书面报请教育局同意后，由学校招投标领导小组召开相关会议，根据相关程序，选择确定施工单位，组织项目实施。实行基建科合同备案和结算审计制，所需经费通过局教育系统基建和装备工作领导小组审核后拨付。学校要加强项目成本控制，审计结果超出 10 万元的，只能以 10 万元结算。"

"管建分离"模式的实施，其效果是显而易见的。对于教育局和学校来说，可谓扬长避短，也从某种程度上降低了廉政风险。具体到教育行政部门，通过"管建分离"可以集中全局力量，加强检查监督和协调，有序推进；学校方面，能通过"管建分离"做到从"建"中脱身，有更多的精力考虑学校建设及办学特色，从而集中精力抓教学、管理和质量提升，这对于学校的高质量发展具有重要的意义。从目前已有的雪浪中学项目（关注文化传承）、蠡园中学兴建项目（把建设与课程结合起来）、立信中专4个亿的项目以及梅梁中学（薄弱校）校舍加固改造等项目来看，"管建分离"对滨湖区教育的公平和高质量发展提供了坚实基础。不可否认的是，在专业性和科学性方面，这无疑对教育局提出了更高的要求，比如发标方式、招标公告等都要科学设计。另外，教育局还要做好生均公用经费的评定工作，以使基建项目更切合学校自身的发展。

第三节　公务用车改革：廉政有序开先河

我国的公务用车制度是计划经济体制背景下的产物，是一种相对落后的实物供给制或配给制的表现形式。随着市场经济体制的不断完善和发展，加之公务用车费用居高不下、公车私用等违规行为的频繁发生，以及遏制腐败、提高效率之政府目标的确立，"公车改革势在必行"已经成为社会共识，并在很多地区得以实行。滨湖教育系统的公车改革可谓是走在事业单位改革前列的典范。

一、改革目标：追求公私分明，公平有序

原本规范公务用车管理是政府机关改革的需要，是滨湖区纪委对教育行政机关各部门提出的要求，对包括中小学校在内的事业单位的公车管理并未做具体要求。但滨湖区教育局早在2003年就认识到公车使用和管理中存在的问题，如机关工作中常常出现滥用公车的混乱情况，特别是某些教师会经常向局里反映校长等学校领导们的一些不合理的做法，比如公车私用的情况。于是，教育局主动提出应对学校的公车进行规范管理，遂于2003年成为全市第一家在机关和事业单位都进行公车使用管理的部门。

随后的2006年8月，滨湖区教育局又对2003年的《关于对上班路远的

中小学校级领导发放车贴的规定》进行了调整，出台了《关于对上班路远且使用自备车的校级领导调整车贴的规定（2）》。

2009 年 6 月，印发了《无锡市滨湖区教育系统公务用车管理办法》（简称《公务用车管理办法》），对区直属单位、各中小学以及区教育局考核管理的事业单位公务用车的购置、使用等进行了较为详细的规定。

时隔 3 年，2012 年 4 月，中共无锡市滨湖区教育局委员会和滨湖区教育局联合出台了《关于进一步规范滨湖区教育系统公车管理意见》（简称《公车管理意见》），同时废止了 2009 年的《公务用车管理办法》。本次公务用车改革的目标就是"为了进一步完善和规范滨湖区教育系统公务用车管理，加强监督，提高廉洁自律能力"，正如时任区教育局基建科科长许国兴所说："做到有公有私、公私分明，消除那种拿着公家资源干私家事的不合理现象；做到费用包干并实现财务明晰，以实现公平、科学、有序。"

二、改革内容：费用包干，加强监管

为提高滨湖教育系统公务用车中的廉洁自律能力，《公车管理意见》明确提出本次改革的内容，主要有以下五个方面。

一是各义务教育学校、幼儿园原则上不再购置新车。现有车辆按照"规范管理，淘汰一辆，减少一辆"的原则实施管理，直至取消公务用车。高中、立信中专学校按照"规范管理，淘汰一辆，更新一辆"的原则按规定实行政府采购。

二是试行学校公务交通费用包干制度。义务教育学校、幼儿园每年使用公务交通费总额不得超过 5 万元，高中、立信中专学校每年使用公务交通费总额不得超过 15 万元。公务交通费原则上用于学校集体活动中交通租赁支出或支付现有公务用车费用。义务教育学校公务交通费在学校公用经费中列支，其他学校原则上从学校非税收入中解决。

三是试行局管校级领导公务交通费包干制度。对全区中小学、立信中等专业学校、直属幼儿园的局管校（园）长、书记以限额货币包干的形式试行公务交通补贴，由教育局依岗按月核发。具体标准为：校长（园长）、书记每月 800 元；副校长（副园长）、副书记每月 600 元。试行交通补贴后，被补贴对象原则上市内（不含江阴、宜兴）公务活动不得使用公车，也不再报支无锡市区范围内的任何交通费用。

四是进一步规范公务用车管理。要求各学校建立健全公务用车使用管理制度和公务用车管理信息系统，实行集中管理、统一调度，完善车辆使用档案台账，实行专人负责制，加强公务用车日常维护保养和安全管理，杜绝安全责任事故和交通事故发生。严禁公车专用、公车私用，学校公车每天必须按规定停放校内指定地点。

五是进一步完善公务用车监管机制。要求各学校切实加强公务交通费包干使用情况的监管，定期或不定期在校务公开栏或教代会进行公示，加强过程管理，自觉接受群众监督；学校领导班子成员要把执行公务用车管理规定的情况作为个人年度重大事项报告和述职述廉的重要内容。

三、政策实施效果：公车私用或不规范使用的现象明显减少

滨湖的公务用车管理改革属于货币化改革的模式，也是与国际惯例接轨、较为彻底的一种模式。补贴标准的确定是其必须面对的最为重要的问题。通过调查我们发现，作为公务用车改革的对象，教育局相关领导、校长的利益受到不同程度的影响，他们也颇有微词，例如局里领导和校长都感觉这次公车管理改革所定的补贴标准偏低，没有考虑到油价上涨等因素，部分利益相关者建议能给予更人性化、更科学的考量。尽管如此，局相关领导和校长对这项改革普遍持支持态度，因为自2010年4月实施以来，确实像纪委要求的那样，能使机关内部更为廉政有序，公车私用或不规范使用的现象越来越少。对有些还没有完全做到的学校，局里已经明确要求，限3个月内厘清整改。当然，教师们反映此举是公平的一种体现。可见，公务用车改革也一以贯之地坚持了滨湖教育公平、公正的原则。

第四节　遵规尚德：以高素质的教师队伍
为高位均衡发展奠基

加强教师的职业道德教育，提高教师的道德素质，是当前加强中小学思想政治工作的一项基本内容，也是中小学教师队伍建设的一项基本任务。

近几年来，滨湖区不仅致力于制度建设，还坚持开展师德提升工程，努力打造与制度建设相适应的高雅教育、和谐教育，实现刚柔相济，为滨湖教育发展保驾护航，更为全区的教育教学改革注入了新的活力。

政治坚定、思想过硬、知识渊博、品格高尚、精于教书、勤于育人，这是滨湖教育人展现在世人面前的优良师德风貌，这也是滨湖区教育工会长期致力于教师职业道德素质建设的必然成果。滨湖区教育工会注重从教师职业道德的底线抓起，强化教师文明礼仪素养的提升，在全区范围内广泛开展了"树师表、强责任、深化师德建设"专题教育活动、"讲教师礼仪，塑儒雅形象，重师德规范"主题教育活动，将师德提升工程真正落到实处，"倡导文明，讲究礼仪，更塑师德，做一个高雅的教师"，注重全体教职工整体师德形象的塑造，取得了显著的效果，正可谓"遵规尚德、风正帆悬"。

一、师德评议：与内控机制建设相得益彰

师德评议活动是滨湖教育系统为提高教师队伍的师德水平，要求各学校每年对本校教师进行师德评议的一项制度化活动。它以提高教师职业道德为目标，以推进学校内控机制建设为契机，力图打造一支师德高尚的教师队伍。师德评议与各校内控机制建设有机结合，可谓相得益彰。

师德评议的考核小组由各学校党政领导、工会主席、中层干部、教师代表组成。评议的主体是由学生、教师、学校领导和家长分别给每位专任教师进行打分，且参加评议人数不得少于50人，学生和家长参加测评比例不得少于30%。之所以敞开校门，开展"开门"评教活动，吸纳学生家长参与师德评价，评议教师的思想、工作、能力、水平，是为了及时查找、分析和解决教师队伍中存在的突出问题，这是打造让"学生满意、家长满意、社会满意"的高素质教师队伍，实现滨湖教育高位均衡发展的重要体现。在评价方式方面，尝试建立师德实践学分制，完善领导点评、教师测评、学生问卷、家长参与的多元评价体系。师德评议的结果作为对教师评聘和奖惩的重要依据，记入教师个人档案，同时将考核结果纳入年终绩效考核。对学生、家长反映较差的教师，学校实行诫勉谈话，并上报教育工会；对问题突出的教师给予纪律处分；对存在师德问题的学校或个人实行

"一票否决"；对涌现出来的师德优秀教师给予通报表彰。同时，各学校还设立了师德师风投诉电话、师德信箱，聘请行风监督员等，让学生、家长、新闻媒体和社会舆论参与对师德的监督。

二、师德主题活动：打造教育品牌

滨湖区教育工会在师德建设过程中，不停留在一般的说理、一味的要求、单一的考核上，而是不断创新内容与形式。自 2006 年以来，开展了以不同内容为主题的教育活动，共同致力于培养以"爱生、敬业、奉献"为核心、具有"责任意识、大局意识和服务意识"的教师，打造滨湖特有的教育品牌，提升社会满意度。

（一）讲教师礼仪，塑儒雅形象

2006 年，滨湖提出了开展以"讲教师礼仪，塑儒雅形象，重师德规范"为主题的教育活动，首次以教师礼仪为切入点来开展师德建设，开展了一系列扎实有效的工作，如开展教师礼仪知识竞赛、礼仪辩论、教师礼仪论坛等活动，还积极开展礼仪行为的自查自纠活动，让教师及时纠正平时发生在自己身上的一些不文明、不守礼的行为。为规范教师礼仪行为，区教育局还专门组织人员编写了主题词为"与规范同行，与尚德有约"的教师文明礼仪的区本教材《滨湖区教师文明礼仪手册》，分别从教师形象、教师语言、教师仪表、教师课堂礼仪、教师校园礼仪、教师办公室礼仪、教师社会交往礼仪等多个方面对教师礼仪规范做出了明确的规定和提示。为进一步普及教师文明礼仪，规范教师文明礼仪行为，区里还组织教师观看金正昆教授关于《教师礼仪》的录像，并就教师仪表规范、教师服装的禁忌、教师佩戴首饰的注意事项等进行讨论；组织教职工开展"遵规尚德"的演讲比赛，选手精彩的表演、儒雅的形象、激情的演绎展示了教师们良好的精神风貌和素养。2007 年 7 月，滨湖区开展了"教师礼仪一周行"活动，各学校采集了反映学校教师文明礼仪行为的一些真实片段，并制成录像，以全面检验开展教师文明礼仪教育活动以来的真实效果。录像中既有教师正面文明礼仪行为，也有反映教师非规范礼仪行为的。尤其是一些原来大家已经习以为常的、认为没有什么不妥的不文明行为得到了可喜的改变，如接电话、打电话、与学生及家长交流、课堂教学中的神态、办公室里与同事间的交往等方面的行为都发生了一些积极的变化，但还有一些细小的地方存在着不足，如主动捡拾废纸、公共场所不大声讲话、办公桌上物品的归放整齐、与学生的谈话交流等。这些都为其后深化活动提供了第一手材料，从而确保礼仪教育能真正在教师中生根结果。

（二）树阳光心态，做品质教师

继"教师礼仪"活动之后，2010 年，滨湖教育系统又围绕"师德建设年"开展了以"树阳光心态，做品质教师"为主题的教育活动，具体包括以下内容。

1. 开展新时期教师职业形象大讨论活动

在这次活动中，进行了"六问六比六反思"大讨论。"六问"是指：一问我的职业追求是什么，二问我的教育理念是什么，三问我的教学水平怎么样，四问我的专业素养怎么样，五问我的教育行为是否规范，六问我的职业素养是否高雅。"六比六反思"是指：一与优秀教师相比，看在教育思想、敬业精神、工作业绩等方面还缺什么；二与企业职工、普通群众相比，看在工资待遇、劳动艰辛、社会地位等方面还差什么；三与社会期盼、群众要求相比，看在工作态度、工作水平、满意程度等方面还少什么；四与自身过去相比，看在工作热情、事业追求、进取精神等方面是退步了还是进步了；五与社会发展相比，看在学习意识、发展意识、创新意识等方面有无不相适应；六与教师的使命相比，看在师表形象、责任意识、教育理念等方面有无滞后。各位教师在深入反思的基础上进行自我剖析，并明确发展方向与要求。

2. 开展"最受学生喜爱的老师"形象征集和评选活动

积极发动教师、学生、家长及社会各个层面展开讨论，通过调研、座谈、问卷等方式，广泛征集各方意见，形成了具有时代特点、符合教育规律、体现社会发展要求的"最受学生喜爱的老师"形象标准。这一标准在"依法治教、为人师表和爱生爱教"的基础上，特别设立了"德行双范"、"德艺双馨"、"德慧双优"三种类型专项奖。这三种类型的优秀教师除具备"德"的基本条件外，还需在"行"、"艺"、"慧"等单方面具有突出表现。值得一提的是，评选结果的产生不是学校说了算，更不是教育局单方面决定的，而是通过网上家长学校平台对100名入围候选人进行事迹展示、宣传，组织全区教职工、学生及家长进行网络投票，区教育局评审小组根据申报材料、网络票数、业绩材料以综合赋分的方式确定"最受学生喜爱的老师"，"德行双范"、"德艺双馨"、"德慧双优"三类教师各10名，还有提名奖的最终人选，并利用区教育信息网等予以公示，体现了公开、公平、民主的原则。这一活动到2012年已持续了3年，受到了师生和家长的广泛认可，形成了"共创优质教育，齐求职业幸福，同享品质学习"的幸福意识，在很大意义上达成了"学校发展、教师幸福、学生快乐、家长满意、社会认可"的幸福学校目标。

3. 开展"向身边的榜样致敬"先进事迹宣讲活动

在学生中开展"我的老师对我的爱"征文活动，征集反映教师中发生的爱生典型事迹；在教师中开展"我身边的教师故事"征文活动，征集反映教师中发生的敬业精业、在平凡岗位上做出非凡业绩的典型事迹；在教师中开展"我的成长故事"征文活动，征集反映教师执着追求、开拓创新、积极进取，促使自己专业成长的典型事迹。同时，还开展了优秀教师先进事迹宣讲活动，编辑"向身边的教师致敬"专辑，举办优秀教师事迹书画展，等等。

4. 举办"感动滨湖十大教育人物"评选活动

广泛发动教师、学生、家长、社会等力量，推荐一年来在自己的岗位上尽心尽职、积极进取、默默付出，在平凡岗位上取得非凡业绩的教师，讲述其感人故事，并利用各类媒体进行宣传，评选出2010年"感动滨湖十大教育人物"并予以嘉奖。

（三）学为人师，行为世范

"学为人师，行为世范"的基本含义是所学要为世人之师、所行应为世人之范。"后学之师表、世人之楷模"，这无疑是对教师学问、品行的至上要求。为不断深化师德师风建设，提高职工队伍素质，全力塑造"为人师表、从教为民、管理规范、文明育人、依法治教、廉洁勤政"的行业新风，办好人民满意的教育，滨湖从2011年3月至12月在全区学校中开展了"学为人师，行为世范"师德主题教育活动，主要开展了"倡导四种精神"、"爱生三走进"与"五个一"活动。

"四种精神"是指：追求理想、乐于奉献的精神；严谨笃学、潜心治学的精神；为人师表、爱岗敬业的精神；改革创新、团结协作的精神。"爱生三走进"是指：走进学生群体，走进学生家庭，走进社区。"五个一"活动是指以下五个方面：一是担任一名特殊学生的导师，为特殊学生送关爱、送知识、送温暖；二是参加一次志愿者服务实践活动，利用三八节、教师节等特殊日子，义务为社区、为家长、为学生提供教育服务；三是提供一例品质教师案例，组织教师进行"教育随笔"和师德故事征集和评比，挖掘教师身边的感人事迹；四是展示一堂"青蓝示范课"，把师德建设与"青蓝工程"同步落实，指导青年教师快速成长，通过"青蓝示范课"，不断增强教师的工作水平和教学技能；五是争当一名最受学生喜爱的老师，争做学生喜爱的老师。

（四）教育因你我而美丽

"教育因你我而美丽"这样一个充满诗意的理念及由此产生的一系列措施，成为滨湖全面实施素质教育、全面提高教育质量和推动滨湖教育高位均衡发展的重大举措。它不是一项孤立的活动，而是在评选"最受学生喜爱的老师"和深化"爱生三走进"活动的基础上，开展"做一个负责任的老师"主题论坛，讲一讲老师们的教育教学故事和管理经验，用身边的故事感染身边人，积极弘扬教职工中的先进人物事迹，弘扬崇高的师德风范，努力营造以德治校、以德育人、以德修身的良好氛围。此外，开展"教育因你我而美丽"师德师风主题征文活动，以弘扬教师职业道德、展示全区教师的精神风貌和师德建设成果为内容，记述自身或身边教师在教书育人、无私奉献中的人和事，让教育人感受到教师美德之"美"。这无疑是教师品德的最高境界。

三、书香致远：阅读提升素养

教育学者劳凯声教授在《中国教师》"阅读提升人的境界"专栏发表过一篇文章《阅读的边界》，文中指出："在中国文人的心性修养中，阅读是一种基本的形式和境界。'阅历'一词因此兼有了认知和践行的双重意思，寓意读书和做人是一而二、二而一的事情。读万卷书，行万里路，每个人的德业事功就在自己的阅读和体验中。因此真正的阅读应从伦理、德性的视野去理解，同时兼顾求知与审美。"① 教师是中国"文人"中以"育人"为己任的重要群体之一，"阅读"无论对教师本人还是对学生无疑具有不可替代的意义。发端于2006年的"书香滨湖"、2008年的"书香校园"活动，至2010年作为一项制度承继下来、由滨湖区全体教师积极参与的"书香致远"活动，正是通过阅读提升滨湖教育人的素养和人生境界的一项意义非同小可的活动。

2010年3月，滨湖教育局印发了《2010年无锡市滨湖区教育系统创"学习型组织""书香致远"活动方案的通知》，明确提出："以推动实现教育强区建设和'人人享有良好教育'目标为宗旨，以深入开展'无锡市义务教育高位均衡发展示范区'创建为目标，以'书香滨湖'创建系列活动为主要载体，发动区全体教师积极参与'书香致远'活动，以全区教育工作者素质的全面提升促进区域教育的高位均衡发展"，并规定了具体的活动内容，推荐了包括苏霍姆林斯基《给教师的建议》和龙应台《目送》等在内的32本书。活动内容主要有以下六个方面。

（1）强化"四个一"制度。每人每天自学一小时，45周岁以下青年教师每月写一篇读书心得，每两个月读一本指定书籍，每学期撰写一篇教育教学论文；学校每个月组织一次交流与检查，每两个月编发一份读书活动简报，报送教育局，每学期写一篇调研报告，每学年举办一次读书节活动。

（2）开展"六个一"系列活动。即一本共同阅读的书、一次好书推荐会、一次好书交换活动、一次好书捐助活动、一次"读书"演讲活动、一次读书征文活动。

（3）开展"三走进"活动。各机关、学校可根据自身条件开展"走进无锡图书馆"、"走进江大图书馆"、"走进无锡图书中心"等活动，依托图书馆、图书中心的丰富资源，让每一位教育工作者都能够找到最适合自己发展需要的书籍，养成爱读书、会读书的良好习惯，增强读书能力，提高个人素养。

（4）开展网上读书大冲浪活动。充分运用网络优势，鼓励全体教育人在研修网上进行交流，开展网上读书沙龙活动。各学校可在校园网上创办

① 劳凯声. 阅读的边界 [J]. 中国教师, 2003 (7)：7.

读书论坛，并开设相应的子栏目，如读书体会、精品书屋、读书笔记、读书活动、推荐文章、新书介绍等。为教师搭建一个读书、交流的平台，为教师阅读交流提供便利。没有校园网的学校可开辟相应的读书专栏展示上述内容。

（5）开展"我爱教育"美文经典诵读会。鼓励机关干部、校长、教师在充分阅读的基础上进行诗文创作，在庆祝新年时，举办美文经典诵读会，进一步拓展全体教育人的思想，激发教育热情，构建以阅读乐趣为内在动力的阅读文化。

（6）开展"读书明星"评比表彰活动。成立以区教育局领导干部为主要成员的评审小组，根据全区机关干部、校长、教师在读书活动中的综合表现进行考查评选，并对评选出的"读书明星"进行表彰与奖励。同时，对在"五个一"系列活动（如征文评比、演讲比赛等）中表现出色的人予以单项表彰。通过评选表彰活动，进一步在全区教育工作者中形成良好的读书氛围。

2012年，"书香致远"活动有了更明确的目标：以"书香致远"活动促进"学习型组织"的创建，倡导全体党员干部"养读书习惯，助学以致用"，以读书加强党性修养，与书香为伴，提升思想境界；以"书香致远"活动促进"学习型机关"的创建，鼓励机关干部"读经典作品，提服务水平"，推进机关作风建设，切实提高服务教育的能力；以"书香致远"活动促进"学习型学校"的创建，鼓励教师"读教育名著，育专业精神"，营造与经典为伴、与智慧同行的氛围，关爱学生，引领成长，走入家庭，走向社区，以良好的书香氛围影响教育环境，提升办学质量；激励学生"读经典名著，育文明素养"，养成读书、读好书的良好习惯，享受阅读带来的快乐，在阅读中增长知识、拓展视野、塑造人格。在活动内容方面也做了相应调整，提出开展"2+X"研读活动：精读1本书和研读1套教材，自主泛读X本书。很显然，这一规定考虑到了各个学校的具体情况和各位教师的需要及兴趣爱好，增强了阅读的自主性，比起硬性规定来更符合阅读的本质。

"书香致远"活动不是简单的"运动式"短期行为，而是一项着眼于学生发展的具有前瞻性的制度。它主要集中在滨湖区教育局机关、教师和学生三个不同层面。滨湖之所以下大力气推进这项活动，负责该项活动的区教育局党委副书记金春兰用最朴素的语言道出了其中的真谛：

"书香致远"的出发点，从大的角度来讲，是学生的发展。我们的直觉是学生读书的时间太少，读书的范围太窄，有的时候就是教科书，学生的文学修养太低。

要从长远来看，有了老师的发展之后学生才能发展起来的，没有老师的发展，是永远谈不上学生发展的，因而，必然要在老师当中推行这项工作。有统计说现在有两类人是不读书的：一类就是写书的人，他写自己的书，不读人家的书；另一类就是教书的人。我把这么一个抽样调查统计说给校长们听，他们听了都哈哈大笑。好多老师确实是不看书的，他只看他的教科书，教什么书看什么书，其他的书看得很少。我们就想要通过读书来提高老师的人文素养。

光有老师和学生还是不行，管理人员也必须要读书，如果我们管理者没有一种学习的精神，不读书，我们的眼界、思维必然会受到很大限制，无法更好地服务教育，引领的作用也将大打折扣。

正是基于上述非常现实的考虑，从"书香滨湖"、"书香之园"活动，发展至今日的"书香致远"活动，这几年下来，已经起了促进和引导的作用。当然，效果到底如何，还要看老师们怎样认识读书的意义以及读书在改善一个人的精神气质和状态方面的价值。老师们现在已经衣食无忧，摆脱了生存的压力，就更要好好读书改善自己。我们会一直坚持做下去。

最后，我们愿以劳凯声教授《阅读的边界》中的一段话结束本章："阅读一旦养成了习惯，就会进一步演变为一种癖好，为追求生命的完美、提升人性的品位而阅读。人生在读书中，读书在人生里，二者融为一体，在深度的阅读与思考中真正实现自我的人生价值。在这种境况下，阅读实际上已经成为一种生存的方式。阅读的边界就是我的世界的边界。阅读不同则边界不同，边界不同则各人的世界也就不同，并且这个世界是以阅读经历的不断丰富而不断扩大的。因此，要使自己拥有一个丰富多彩的世界，唯有阅读。"[①]

① 劳凯声. 阅读的边界 [J]. 中国教师，2003（7）：7.

出 版 人　所广一

项目统筹　欧阳国焰　谭文明

责任编辑　谭文明　何　薇

版式设计　郝晓红

责任校对　贾静芳

责任印制　曲凤玲

图书在版编目（CIP）数据

好制度：如何产生和落地？／尹力，吴蔚著．—
北京：教育科学出版社，2015.1
　（好教育探索丛书／王本陆，钱江主编）
　ISBN 978-7-5041-9002-4

Ⅰ．①好…　Ⅱ．①尹…　②吴…　Ⅲ．①教育制度—研
究—中国　Ⅳ．①G522

中国版本图书馆 CIP 数据核字（2014）第 178449 号

好教育探索丛书
好制度：如何产生和落地？
HAO ZHIDU：RUHE CHANSHENG HE LUODI？

出版发行　**教育科学出版社**

社　　址　北京·朝阳区安慧北里安园甲 9 号　　市场部电话　010-64989009

邮　　编　100101　　　　　　　　　　　　　　编辑部电话　010-64989179

传　　真　010-64891796　　　　　　　　　　网　　址　http://www.esph.com.cn

经　　销　各地新华书店

制　　作　北京金奥都图文制作中心

印　　刷　保定市中画美凯印刷有限公司

开　　本　169 毫米×239 毫米　16 开　　　版　次　2015 年 1 月第 1 版

印　　张　10.5　　　　　　　　　　　　　印　次　2015 年 1 月第 1 次印刷

字　　数　149 千　　　　　　　　　　　　定　价　27.00 元

如有印装质量问题，请到所购图书销售部门联系调换。